给孩子的心理成长手册（漫画版）

青春期不烦恼

李付沐瞳 奚铭霞——著

击碎青春期的敏感、自卑、焦虑，
拥抱阳光、自信、松弛的你！

人民邮电出版社
北京

图书在版编目（CIP）数据

青春期不烦恼：给孩子的心理成长手册：漫画版 / 李付沐瞳，奚铭霞著. -- 北京：人民邮电出版社，2024. -- ISBN 978-7-115-65048-1

I. G479-49

中国国家版本馆 CIP 数据核字第 2024RF4109 号

◆ 著　　　李付沐瞳　奚铭霞
　　责任编辑　侯玮琳
　　责任印制　陈　犇

◆ 人民邮电出版社出版发行　　北京市丰台区成寿寺路 11 号
　　邮编　100164　　电子邮件　315@ptpress.com.cn
　　网址　https://www.ptpress.com.cn
　　中国电影出版社印刷厂印刷

◆ 开本：880×1230　1/32
　　印张：9.25　　　　　　　　2024 年 10 月第 1 版
　　字数：162 千字　　　　　　2025 年 4 月北京第 4 次印刷

定价：59.80 元

读者服务热线：**(010)81055410**　印装质量热线：**(010)81055316**
反盗版热线：**(010)81055315**

序

李付沐瞳

1

刚上高中的一天，我在小区里偶遇了一个许久不见的朋友，她看起来闷闷不乐的样子。她一见我就说："我想休学。"

"啊？为什么呀？"在我的印象中，她是一个乐观积极的人啊！

"你知道吗，我每天都有做不完的作业，考不完的试，感觉自己快透不过气来了。有时候晚上躺在床上，我满脑子都是爸妈的催促和明天要交的作业，根本睡不着。我真的好想放松一下……"

那天，我们聊了好久好久，最后离开的时候，她说："谢谢你让我知道，原来不是只有休学一种方法可以放松。"

2

成长的过程中，我发现自己有一种非凡的本领——"会聊天"，不是单纯的聊天，而是一种"咨询式聊天"。身边的同学、朋友，总是喜欢找我聊成长中的各种困惑和问题，而我似乎总能给出一些有用的解答。我想可能是因为，当他们和我分享自己的心理困惑的时候，我总能自然地联想到那些偷偷翻看过的、放在妈妈书架上的心理学和教育学图书里的内容，然后套用在现实问题中，说出"听起来很有道理"的建议。

久而久之，不管是午间休息时还是放学路上，我便化身"心理咨询师"，帮助同学们排解各种心理困惑：从交不到朋友的小烦恼到和爸妈闹矛盾的大麻烦，从对偶像的痴迷到恋爱的甜蜜与苦涩，我都"接诊"。我想，大家选择向我倾诉，或许一方面因为我愿意倾听他们的烦恼，另一方面作为同龄人，我也更能理解他们。而那些看起来蹩脚的建议，更是我发自内心的真诚想法。

3

从小到大，我们总会遇到各种各样的心理困惑和或大或小的心理波动，但是我们似乎很难事无巨细地和爸妈、老师分享：或许因为担心他们无法感同身受；或许因为害怕得到的建议不符合我们的期待；也可能是怕他们不懂我们这一代人的想法，给出的建议都如老古董一般……

于是，我开始思考：是否有一种方式，能让我们更自由地表达自己的想法，更轻松地找到成长中这些心理问题的答案？一天，我和妈妈聊天时问道："妈妈，你说我能不能通过文字来解答大家的问题呢？"妈妈笑着说："那你岂不是要变成'纸上谈兵'的青少年心理咨询大师了？"

其实这种"纸上谈兵"，我在给《知心姐姐》杂志写读者来信的回复时，就已经体验过了。那时候，我作为"知心姐姐"，回答读者在来信中提出的各种问题。其中，有一个问题让我印象深刻："我有两个玩得很好的朋友，但如果我和一个朋友玩的话，我的另一个朋友就会生气。"我记得当时我是这么回答的："两只刺猬在一片森林里相遇，它们性格迥异，却有着共同的渴望——寻找温暖和归属感，想交到好朋友。但它们一旦靠近就会彼此刺伤，所以你的任务，就是找到那个'完美角度'，既能互相靠近又不会伤害到对方。"

我想，或许我真的可以写一本书，来排解青少年成长中的各种困惑，尤其是大家在进入青春期之后遇到的一些典型问题。

4

当这个念头在我脑海中开始生长时，我便决定开始行动。

为了更深入地探索青春期心理的"魔法森林"，我设计了一份调查问卷——它就像是一张魔法地图，引领我走进同龄人的内心世界。问卷的每一道题都是通往心灵深处的魔法钥匙，它们打开了一扇扇紧闭的心门，让我听到了那些真实而动人的声音。

我收到了大量的回复，每一份回复都充满了真挚的情感和期待，有些让我感动，有些让我担忧，有些让我忍俊不禁……这让我更加坚定了创作这本书的决心。

经过这番调查，最终我整理了一系列青少年生活中可能会遇到的心理问题和困惑，包括学习方法、情绪管理、人际交往和家庭关系四个方面。我作为一个"过来人"，则会用自己的文字对这些问题一一做出解答。

为了让这本书在内容和专业上更有价值，我特地邀请了我的心理学课程老师奚铭霞老师共同参与创作。她不仅是我的良师，也是引领和帮助我的益友。当我告诉奚老师，我希望通过这本书为成长中的青少年提供一份心灵的慰藉和指引，帮助他们更好地面对生活中的挑战时，她丝毫没有迟疑，非常肯定我的想法，并明确答应我会全力以赴，和我一起完成这本书。

其实在我走进奚老师办公室提出这个请求的时候，我心里是有点忐忑的。因为我知道奚老师既担任着我们的心理课老师，要上课，要批改作业，要辅导我们探究各种理论问题；还要负责接待学校的同学们，满足他们提出的心理咨询需求，有时候真是忙得午饭都顾不上吃。

当她欣然同意时，我内心是激动的，更是感动的。

5

在写作过程中，奚老师和我共同探讨了许多关于青少年成长的话题，也为我提供了许多宝贵的建议。她在心理学上的专业性不仅让这本书的内容更加科学、严谨，还使我们的讨论更有深度。那段时间，她挤出时间认真撰写书稿，甚至好几次我收到她的邮件时发现发送时间都是深夜。我非常感谢奚老师的参与，她的经验和智慧为这本书增添了许多光彩。我相信，这本书将能够为那些成长中的青少年提供更多实际的帮助。

现在，《青春期不烦恼》终于要和大家见面了，我希望这本书能够成为你的一个朋友，让我们一起在成长的道路上不断前行，不断寻找属于自己的答案。

当然，成长的答案并不是唯一的，也不是固定的，成长是不断探索和尝试的过程。每个人的成长道路都是独一无二的，每个人遇到的问题也都有其特殊性和复杂性。这本书里的内容，只是我们根据经验和观察，提炼出的几种可能的解答，它或许不能解决你所有的问题，但希望它能为你提供一个思考的方向，一个寻找答案的灵感。

无论你正在经历什么，无论你感到多么困惑和迷茫，请你相信，你不是一个人。你我的成长之路，虽然充满了未知和挑战，但也同样充满了希望和可能，愿你在寻找答案的过程中，能够找到属于自己的方向，走出一条属于自己的道路。

6

最后，我要向所有为这本书的诞生付出努力的人致以最深的谢意。

我的良师益友奚铭霞老师，在您的课堂上，我学会了如何用专业的眼光看待青少年的世界，而在这本书的创作过程中，您更是化身为我的超级英雄，一次次拯救我于灵感枯竭的边缘。有您在，我觉得一切难题都能迎刃而解，这本书的每一个字都凝聚了您的智慧与鼓励，真心谢谢您！

谢谢《知心姐姐》杂志的编辑们让我有机会尝试为更多青少年的心理健康贡献一份力量，你们就像是青春路上的"知心小姐姐"，用温柔的话语抚慰着每一个受伤的心灵。在这本书里，我和奚老师也尝试着传递这份温暖与关怀，希望能成为青少年朋友们成长路上的小小灯塔。

感谢《中国少年报》和《中国中学生报》的编辑老师，你们就像是我青春路上的啦啦队队员，总是在我最需要的时候给予我最响亮的加油声。感谢你们提供的平台，让我有了接触更多青少年问题的机会，也能够激励更多人勇敢前行。

还要谢谢为这本小书写推荐的我的老师，以及每一位教育界的前辈，你们对我的教诲和鼓励也是对每一位青少年学生的爱与信任；谢谢邬子老师，用她的经验为这本书提供了许多丰富的实战方法；谢谢所有参与这本书的创作与出版过程的哥哥姐姐们，是你们的辛勤付出和不懈努力，让这本书从一个模糊的想法变成了如今手中的实物。当然，还要谢谢我的所有家人，特别是亲爱的妈妈，在我从小到大有任何"胡思乱想"的念头时，你们总是说："你去试试吧，我相信你！"你们的爱让我成长，也希望这本书让每一个同龄的伙伴都感受到爱！

让孩子做自己关系的主人

郝兆源

人大附中老师、李付沐瞳班主任

马克思曾经提出，人是一切社会关系的总和。作为班主任和语文老师，我观察和参与了数百位同学的成长过程。在我看来，青少年的成长实际上是不断扩展社会关系，并且学会处理这些社会关系的过程。

在这个过程中，社会关系数量的变化不是线性的、匀速的。在以核心家庭为主导的时代背景下，青少年在步入学校之前，父母通常是他们最主要的陪伴者。因此，随着年龄的增长，青少年的社会关系网需要在短短几年内迅速扩展，从与父母的紧密联系，逐渐拓展到同学、朋友，乃至整个社会。这种关系的处理难度，可以说是以几何级数的速度增长。正因如此，在社会关系急剧膨胀的青春期，许多青少年可能会感到迷茫甚至痛苦，这是他们成长过程中不可避免的挑战：

"不敢交朋友怎么办？没有人理解自己怎么办？与老师意见不同又该怎么办？老师与父母的声音不同到底该怎么办？"

面对这种困难，我们作为师长，总是以成年人的视角去帮孩子出谋划策，用我们自己在人际关系处理中的"经验之谈"来指导孩子。然而，尽管这些问题似乎是我们每个人都曾经经历过的，但它们实际上与十几、几十年前的情况有所不同。我们可能忽略了一个关键事实：孩子自己才是他们社会关系的主宰者。如果我们期望他们仅仅复制我们的人生经验，那么这个世界将会变得多么单调和悲哀。

青春期的问题由谁来解决？我想孩子们自己是最合适的人选。而在我的世界里，李付沐瞳正是那个最恰切的人。还记得高一刚刚开学不久，一天中午我看她在描画着什么，仔细端详发现原来是一些"卡通人物"（这是我们这代人的叫法）。但是李付沐瞳告诉我这是班级里所有人的"二次元形象"。这些形象不仅符合每个人的体貌特征，而且还切中每个人的精神面貌。似乎在这短短的时间里她就已经了解班级里的所有人，知道他们所有人的故事。她也时常会找到我，讲述她的经历，倾诉她的心事，与我一同分析她面对的困难。这种新型的师生、生生关系，以及在她的描述中我所看到的新型亲子关系，都令我十分惊异。

后来她对我说，老师我想写一本关于如何处理人际关系的书。我当时就确信，她会以一种很独特的方式呈现她对于2020年代中学生生活的理解。

但即便如此，李付沐瞳创作的这个图文并茂的小册子仍然令人耳目一新。我作为教育工作者，读来都觉得十分新奇。这种新奇并不仅仅是因为书中师生共同解决问题的新模式，也不仅仅是因为用可爱的漫画来折射生命中的难题，而是此时此刻，我才知道原来在孩子们看来，问题应该这样处理。甚至我才发现，原来这些事情也是他们眼中的问题。在他们的生命中，有着许许多多师长们习焉不察的角落。这些角落里很可能潜藏着影响孩子们社会化成功与否的关键社会关系。只有孩子们自己才能发现并且照亮这些角落。而这些角落究竟在哪里，如何去照亮它们，我在这本书里都看到了。

因此，我建议家长和孩子都能看看这本书，也许家长们能通过这本书走进孩子的心灵世界，而孩子们能找到属于自己同龄人的解决方案，在与这本书的思想碰撞里找到自己的成长路径，成为自己关系的主人！

目录

part 1 人际交往篇

part **2** 情绪管理篇

Part **3** 家庭
关系篇

Part 4 学习方法篇

人物简介

一个不太擅长数学的"追星少女"。她对自己的外貌有些焦虑，总是试图通过打扮来提升自信。尽管成绩中游，她也每天努力保持着热情和活力。在校园里，她会参与组织社团活动，与志同道合的朋友们一起做喜欢的事情。

一个极度热爱文学的女孩。她的世界被文字和书籍填满。由于害羞和缺乏自信，她很少主动与人交流，是典型的"社恐"。她喜欢独自在图书馆里度过闲暇时光，沉浸在书海中寻找心灵的慰藉。虽然她会因为没有朋友而困扰，但内心世界却异常丰富，这让她感觉到充实。

一个阳光开朗、爱交朋友的女孩。她的笑容总是能点亮周围人的心情，但她非常在意别人对自己的看法。于是她总是努力维持着自己在别人眼中的完美形象，却也因此常常感到疲惫。在校园里，她经常参与各种社交活动，展现自己的魅力和才华。然而，她有时候也会感觉到孤独，因此渴望能有一个深交的、能理解自己的真正的朋友。

一个典型的学霸少女。传说中的"别人家的孩子"。她学习优秀，人缘也极好，但她也有属于学霸的压力：父母、老师都对她寄予了极高的期望，她希望自己成为他们期待的样子。然而，她内心深处却渴望能摆脱束缚，追求自己的梦想，做自己真正想做的事。

一个典型的热心肠班长。他成绩好，有责任心。他担心自己的失败会让父母失望，也害怕自己无法承担起班长的责任。另外，他正经历着父母离婚的困扰，这让他在学业和家庭中感到更加疲惫。然而，他依然努力维持着班级的秩序和团结，用自己的方式给予同学们支持和帮助。

一个热爱篮球运动的男孩。他在球场上挥洒着汗水和热情，但学习成绩却总是不及预期，这让他感到挫败和失落。但是他内心阳光自信，从不轻易言弃。他积极参与各种体育活动，也喜欢和同学们一起开玩笑、聊天，用自己的方式给大家带来欢乐和正能量。

一个能给大家带来快乐的男孩。他总是以乐观的态度面对生活和学习中的挑战与困难，但也有很多时候选择偷懒，于是成绩总是不太理想。他喜欢和同学们开玩笑、聊天，用幽默和风趣的方式化解尴尬与紧张的气氛。

一个内心敏感的男孩。他总拿自己和姐姐比较，觉得自己在学习和社交上都不如姐姐优秀，这让他有点自卑。另外，文理偏科问题也让他在学业上倍感压力。比起与成群结队的朋友相处，他更喜欢独自一人。当然，他也希望学会接受自己的不足和缺点，努力成为更好的自己。

1. 和异性交朋友，被同学起哄开玩笑

今天同桌请我给他讲解一道数学题，但我讲的时候，其他同学都开始起哄。

我知道他们没有什么恶意，可我还是觉得不开心。

下午有个男生趁我们去操场上体育课，把我的笔袋放到了我同桌的书包里。我生气地跟他吵了几句。

我和同桌是朋友，平常会聊天，互相请教问题。我觉得这是朋友之间的正常交往，而不是像其他同学认为的"喜欢"。他们这样起哄，真的让我很困扰。

我担心同学的起哄会让我们连朋友都不能好好做了。

怎么才能让同学们别再这样呢？

学姐说

我很理解你的感受，你是不是觉得既尴尬又无奈和郁闷？首先，我想告诉你，并不是你一个人在面对这个问题，我们大部分人在成长的过程中都会遇到类似的状况。

千万别把这种不舒服的感受"闷在心里"，你可以找一个合适的时机告诉那些开玩笑的同学，你不喜欢他们的起哄行为。有时候，他们可能并没有恶意，只是没有考虑你的感受，主动表达能让同学们了解你的想法，让他们意识到自己的言行给你带来了困扰甚至伤害。

如果沟通无效，或者你觉得自己无法解决这个问题，可以寻求老师和父母的帮助。比如，在老师的主持下，你们可以开一个以"异性友谊"为主题的班会，引导大家正确看待这个问题，这样也能减少大家的一些起哄行为。

其实最重要的是，你自己如何看待这个问题。有时候我们无法改变他人的行为，但是我们可以让自己保持冷静和理性，不让他人的言论左右自己的情绪和行为。你要坚持做正确的事情，和同桌保持良好的朋友关系。相信我，真正的友谊是可以经受住各种考验的。当你不在意时，所有的流言蜚语都伤害不了你。

心理老师说

　　我特别喜欢你的真实和纯粹。在你的眼里，这份感情是单纯的同学情谊，而在别人眼中却夹杂了一些杂质，这真是让人苦恼。

　　我想告诉你的是，别人的起哄并不代表你们之间的友谊有问题，有时候只是"观众"过于"关注"。初高中学生对异性友谊较为敏感，容易产生误解，这意味着他人的评价不一定就是对的，你们的友谊不一定有什么异常。要相信自己对你们之间关系的真实感受，不要自我攻击，更不要被他人的言论左右，大胆地做好自己。相比于别人如何看待你，你怎么看待自己更重要。

　　跟你分享一个故事吧。一位女士受邀去外地参加一个年会，她为此推掉了自己很重要的工作，等去到那个城市时，却被告知年会取消了。她非常生气，气急败坏地找主办方理论，对方也只是道歉。回来后，她一直愤愤不平，就找到自己的心理咨询师抱怨这件事。心理咨询师说："这件事让你很生气，你看你都被这件事影响好几天了，你打算让这件事继续影响你多久呢？"女士一下子就明白了，原来，生不生气，自己是有决定权的。

我们无法改变已经发生的事情，我们甚至无法改变别人，但是我们可以决定别人影响我们的程度。任何时候你都有选择的权利。你可以选择生气，可以选择跟别人理论，也可以选择无视。

如果你对某人的恶作剧感到很不舒服，你可以用冷静、严肃的态度和对方交流，勇敢表达出你希望获得尊重的意愿，你也可以寻求老师的帮助。剩下的，就是随心做自己。

保持真实和纯粹，珍惜你所拥有的。我相信，这件事对你来说也是一次重要的成长经历！

2. 好朋友跟我绝交，我太难过了

今天发生了一件让我非常难过的事情，我最好的朋友说她不愿意和我继续做朋友了。

她说，我们两个人的爱好太不一样了，她还觉得我不在乎她的感受。

她喜欢读书、看文艺片、听摇滚乐，说话时经常引用一些我听不懂的句子。

可是我喜欢的事她也不喜欢，她不喜欢陪我打游戏、画画、做手工、弹钢琴。

文艺电影 VS 打游戏

爱好不一样就不能做朋友吗？

我很伤心，我该怎么办？

学姐说

听到你和自己最好的朋友之间发生了不愉快的事情，我真的很想抱抱你，因为失去一个亲密的朋友确实很痛苦，尤其是当你觉得自己并没有做错什么时。

爱好不同并不应该成为终止友谊的理由。虽然共同的爱好可以增进友谊，但朋友之间最重要的是互相尊重和理解。我们应尊重对方的爱好，理解对方的兴趣，哪怕做不到欣赏，也不能随意贬低或无视对方。

也许现在你们之间的友谊有些动摇，但这并不意味着它会就此结束。试着与朋友沟通一下，表达你想要继续这段友谊的愿望。通过坦诚交流，相信你们能够找到解决问题的路径，重新构建友谊的桥梁，比如，探索共同的兴趣领域或一起尝试新鲜事物，这些都是不错的方式。

友谊就像一场双人舞，得双方都跳得投入才行。如果你感觉舞步有点乱，那可能是沟通出了问题，或者是彼此的舞步不太协调。这没关系，任何舞蹈都不可能一次就跳好，你们可以重新排练，直到找到最适合彼此的节奏。如果暂时不能恢复友谊，那就试着转变视角，从另一个角度看待这个问题。也许你的朋友需要一些时间和空间来处理自己的情感，也许她正在思考自己的行为和决定是否正确，也许她现在想要"独自跳舞"，感受一下自己的心情和舞步。那你们就给彼此空间，你也可以趁机自己练练"舞技"。

不要忘记，生活中总会有新的机会和新的朋友出现。我们应保持开放的心态，积极面对未来。这次的经历就像是一次友谊的"实战演练"，虽然失败了，但我们也可以学到不少东西。

无论怎样，友谊的维持需要双方的努力和包容，有时候即使我们付出了很多，结局也未必如我们所愿。这时我们也要坦然接受。真心希望你能找到真正理解你的朋友，重新开启属于你的快乐时光。

心理老师说

看得出来，你非常珍视你的好朋友，你是一位很重情义的同学。你们之间一定有过许多开心快乐的时光，正是曾经的那些美好回忆，才让当下的你更加难过吧？为了修复这段关系，我看到你做了很多努力，你尝试沟通，主动去了解、询问好朋友为何不愿意和你继续互动。这些方式的确有助于你解开可能存在的误会。但如果不存在误会，而只是因为三观上的冲突，那么坦然接受这一点，然后继续前进，不再为此纠结或遗憾，这也是一种合适的处理方式。关系的维系确实需要双方共同努力，就像两个人一起摇动一条绳，只有双方同时用力，才能让绳子保持匀速运动；一旦一方放手，即使另一方再怎么努力，绳子也无法维持原有的状态。你渴望你们和好如初，这是一个美好的愿望。但你也应该意识到，随着时间的流逝，你和朋友都在不断成长和变化，过去的时光无法复制，你们也无法回到从前。和好是可能的，但需要双方接受现在的新情况，共同创造新的美好回忆。

人生就像是一场旅行，旅途中总会有人上车与我们同行，也有人下车离我们而去。有些人会陪伴我们走过一生，有些人会被途中的美景吸引而提前下车，还有些人会因临时改变路线而与我们失散。这并不意味着我们做错了什么，或者我们不够好。我相信，在这些不断上车的旅人中，总有与我们志同道合的人，他们也在寻找能够与自己并肩前行的人。

3. 分小组做作业，我被孤立了

今天语文课分讨论小组时，没有一个人来邀请我加入。

当语文老师宣布需要按小组完成作业时，我的心跳一下子加快了，整个人都紧张起来。我担心没人愿意和我一组，我又要成为被落下的那一个。

我用余光看到同学们很快就三三两两分了队。我听见有同学开始讨论做什么内容，也有人在说还要邀请谁来加入，但我始终没有听到我的名字。我坐在座位上，一动不动。

我感觉有人在嘲笑我，我浑身发冷，身体僵硬，发不出声音来。

我不知道是因为我不够好，还是因为他们已经有了固定的组员。这种被排斥的感觉让我很难受，也很生气。

我学习不好，人也无趣，没有任何优点，班里没人喜欢我，我该怎么办？

学姐说

　　天哪，我真的很为你感到难过。坦白说，我也有过类似的不愉快经历，感觉自己被误解，好像没有人能欣赏我的优点。我也曾怀疑是不是自己哪里做得不够好，他们才不选择我；或者是不是他们之间关系太好，已经提前决定要一起完成小组作业。这些想法让我感到焦虑不安。但事实是，这样的猜测根本无法解决问题，反而只会让我更加烦恼。

　　我的经验是，面对这种情况，首先不要过分自责，也不要对自己太过苛刻，更不要觉得同学们是有意孤立你。你可以尝试主动迈出第一步，比如先与邻近的同学交流，表达你想要参与小组作业的意愿，并说明你擅长哪些方面，能为小组做出贡献。如果遭到拒绝，你也不必太在意别人的评价，记住，你的目标是完成小组作业，然后继续朝这个目标努力。此外，你可以通过参加各种社交活动来扩大自己的社交圈，提高自己的社交能力，结识更多朋友。这总归是一件好事！最后，请告诉自己，你并不孤单，你有家人的支持，有自己的朋友，还有我在这里陪伴你。班级小组只是你社交生活的一小部分，你的朋友圈远比这个小组要广阔。相信自己，你一定能够克服这种被排斥的感觉，获得更多的交友机会。

心理老师说

　　从你的文字中，我能感觉到你是一位心思细腻的同学，你能敏锐地察觉到教室里的信息，包括同学的表情和行为，也能精确地感知到当自己的负面情绪升起时身体的变化。这样的"敏感"，是一种非常宝贵的特质，它能让你捕捉到许多别人忽视的细节，这是你的优点。然而，这种特质有时可能会让你感到孤独，这就像只有一个人登上高峰时的体验。

　　实际上，孤独只是你的一种主观体感，真实"落单"的可能不止你一人。在等待组队的过程中，你不妨稍微耐心一些，多观察一下周围，也许你会发现和你一样在等待的小伙伴。他们可能也在期待着有人主动邀请他们加入，可能和你一样紧张，一样期待。不要害怕，大胆地去寻找，去发出你的邀请。

如果最终你发现只有自己落单了，你可以尝试使用以下方法来改变。

提升自我价值，关注团队需求

多留意他人的需求和感受，积极倾听他人的想法，增进与同学之间的共鸣。大家聚在一起通常是因为"合得来"或"能力相当"，因此，你可以反思一下，自己是否在平时忽略了与同学的交往；或者，是否因为学习上不够得心应手，无法为小组作业做出自己独特的贡献。如果是前者，你可以提醒自己关注社交技能的提升，展现出自己乐于奉献的一面；如果是后者，可以借此机会加强对该学科的学习。相信这样做后情况会有所改善。

培养自信心，学会积极表达

如果你是一个充满爱心、真诚交友并热爱学习的人，却依然遭遇这样的困境，那么请不要过多怀疑自己，而是要培养自信心，提升自尊心，相信自己的能力和价值，不要过分在意他人的评价。同时，你应积极表达自己的想法和意见，与他人分享你的见解，增进彼此之间的理解。尽管之前可能有些人没有主动邀请你加入他们的小组，但当你更多地展现自己后，他们很可能会热情地邀请你加入他们的团队。

参加学校活动，寻找新的社交圈

积极参加学校社团或你感兴趣的活动，这将为你提供结识志同道合的朋友、分享共同的兴趣和爱好的机会。这对于增强自信心、自尊心和提升社交技能都非常有益。

如果上述方法未能带来积极的变化，你可以主动寻求老师、家长或心理咨询师的帮助和支持。此外，你也可以利用这个机会独立完成任务，展示你的才华和能力，让自己散发出独特的光芒，吸引他人主动与你合作。

无论如何，请相信你始终拥有选择的权利。不要因为一时被拒绝而怀疑自己的价值。真正的美好往往不能轻易被发现，那些轻易展现的品质往往并不深刻。没有经历过被拒绝和具有挑战的人生，怎能彰显我们的风采和价值呢？

4. 进入新班级，"社恐"如何交到朋友

进入新班级的第一天，我紧张得手心出汗。看到大家三五成群地聊天，我不知道该往哪里站。

我尝试走向一个看起来友善的小组，但他们好像没看见我一样，继续聊着自己的话题。我感觉自己像个局外人。

午餐时间，我独自坐在角落，看着其他同学互相分享食物，嬉笑打闹，我也想加入，但我鼓不起勇气。

我注意到有个女孩总是独来独往，和我一样。我想走过去和她打个招呼，但又怕她会拒绝我。

放学回家的路上，我心情低落。我觉得自己永远都交不到朋友，永远都会是个孤独的人。

学姐说

　　融入新环境，对于"社恐"的你来说确实是一大挑战，简直就像是突然被扔进了热带雨林，四处都是未知的生物和巨大的叶子。

　　首先，放松心情，深呼吸！别让那些小焦虑将你变得紧张不安，别把自己变成一只蜷缩成一团的刺猬。想象自己是一只优雅的猎豹，虽然误入陌生的领地会让你感到不安，但一切并没有那么糟糕。保持自信的姿态，在主动出击之前仔细观察周围的环境，寻找属于你的那片领地。你也可以设定一个目标，比如和离你最近的五个同学打招呼。当你带着一个目标去行动时，你的焦虑和恐惧感就会减轻。

　　接下来，找找看有没有和你一样的"独行侠"。比如，总是一个人默默看书的女孩，她也许也正渴望着一个知己呢！走过去，给她一个友善的微笑，说不定你们会成为无话不谈的好友！在交往初期，你可以适时地向对方寻求帮助，拉近彼此的距离，同时要保持友善和积极的态度。当你开始释放善意，你也会接收到来自他人的善意。

此外，参加一些班级活动或者兴趣小组也是个好主意。你可以在这个过程中结识志同道合的小伙伴，一起探索未知的领域，分享彼此的故事和梦想。

最后，别忘了保持乐观的心态和满满的自信！不要怀疑自己，也无须刻意迎合，真实地做自己，你的真诚和自信会吸引那些欣赏你的人，从而让你们建立更深层次的友谊。相信你一定能够在这个新环境中找到属于自己的位置，你只是需要一些时间而已。带着我的隔空拥抱，拿起你的"生存指南"，勇敢地迈向新环境吧！加油！

心理老师说

面对新环境和社交挑战，感到紧张和焦虑是很自然的。你可以观察一下周围来来往往的人，他们的脸上除了好奇，是不是也和你一样带着紧张、焦虑和不知所措。悄悄告诉你，你担心别人怎么看你的时候，别人其实也在担心你怎么看他们。在新环境中，大家心里都一样，都在寻找归属感。如果你觉得自己特别紧张，不妨先做几组深呼吸，这样做可以帮助你放松心情，保持镇定。你还可以尝试主动与同学交流。如果刚开始你觉得很难开口，那么可以从简单的问候开始，比如"你好，我是×××，你叫什么名字"，或者"今天的课你觉得怎么样"，等等。或者更放松一些，半开玩笑地说"我不知道跟你说什么好，要不你先开始吧"也是一个不错的开始话题哦。当你鼓起勇气找朋友时，也许就会找到同频的伙伴。

即使你不擅长社交，也可以通过积极参与班级活动，比如运动会、文艺演出、义工活动等来感受集体归属感。这样可以从侧面增加你与同学接触的机会，也能够加深彼此之间的了解。也许你会发现，还有其他没找到伙伴、羞于交友的同学也在等待这样的机会，他们也期待和你的交流。

你要知道，真挚的友谊如同精心培育的花朵，需要时间才能绽放。它不是一蹴而就的，而是通过相互了解和信任，在细水长流中逐渐变深厚的。因此，不要心急，让时间成为你的朋友。相信自己的勇气和魅力，它们将是你克服困难的利器。每个人都有其独特的光芒和价值，你只需保持积极和乐观的心态，就一定能融入新环境，结交到真心诚意的朋友。最后，我想说，花园里的花，开在一起很美，独自开放也很美，而花开好了，自然会将蝴蝶吸引过来。

5. 我遭受校园霸凌，却不敢告诉父母

同学们嘲笑我、孤立我，甚至动手打我，我不敢反抗，害怕招致更过分的欺凌。

我尝试告诉老师，但他们只是轻描淡写地把欺负我的人批评了几句。

我不敢告诉父母，我知道他们会生气，可能会找老师和同学理论。

我不想让他们担心，更不想让他们因为我和别人发生冲突。

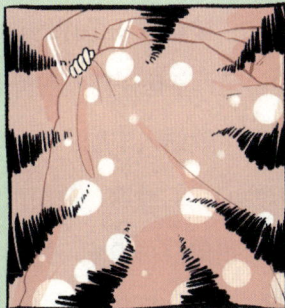

每天放学后，我都会独自躲在房间里，默默忍受着心灵的创伤。

我渴望有一天这一切都能结束，我能像其他同学一样正常地生活和学习。

学姐说

听到你被霸凌的消息，我真的既难过又心疼。我知道你一直坚持到现在，一定经历了很多痛苦，先给你一个温暖的拥抱。遭遇校园霸凌时，很多同学都会感到恐惧和无助，甚至会在内心升起一种屈辱和自责的感觉：是不是自己做错了什么？是不是只要做得更好一些，我就不会被欺负了？更令人难过的是，你因为害怕父母的担忧和想避免冲突，选择独自承受这一切。

首先，我要告诉你：被霸凌不是你的错，千万别选择沉默和忍受！你有权保护自己，不让任何人伤害你。

其次，向身边值得信赖的人求助，比如老师、社会工作者或心理咨询师，告诉他们你的遭遇，他们可能会提供更具体的帮助和支持。尽量收集和保存与霸凌行为相关的证据，如文字聊天记录、截图、录音、录像等。必要时，这些证据可以提交给学校或警方。

此外，你也可以学习一些自我保护的技巧，比如避免独自走在偏僻的地方，学会拒绝不合理的要求，以及在必要时进行正当防卫。在学校时你可以主动交朋友，即使你的朋友不能防止你受到霸凌，他们也可以给予你理解和陪伴。学会善待自己，不要因为霸凌者的伤害而贬损自己；当你能够更自信时，霸凌者也会退缩。

我明白你对告诉父母这件事的顾虑。然而，要记住，他们是你的坚强后盾，他们有权了解情况并保护你。当你觉得时机合适时，试着以开放的心态与他们沟通。选择一个让你感到安心和放松的环境，用简洁明了的话语，向他们讲述你的经历，表达你的感受，并告诉他们你希望得到的支持。这样，你们可以一起找到解决问题的最佳方式。最后，请别放弃，相信我，一直走，总会天晴。

心理老师说

如果你已经清楚地认识到自己正在遭受校园霸凌，要切记，这种行为不仅仅是同学间的相处问题，还触发了校园安全的警报。因此，你应当毫不犹豫地向家长和老师报告这一情况，而不应仅仅基于个人的意愿来决定是否沟通。校园霸凌是一个不容忽视的严重问题，它需要我们严肃对待并及时处理。

在寻求帮助的同时，确保自己的安全至关重要。如果你感到身体或者精神上受到了伤害或威胁，请首先确保自己的安全，再考虑是否上学。

同时，了解校园霸凌的相关政策也非常关键。国家对校园霸凌问题越来越关注，也采取了越来越多的预防和应对手段，你有权获得支持和保护。

校园霸凌带给我们的伤害不仅仅发生在遭受霸凌的当下，更有事后的长期心理影响，如反刍思维、紧张忧虑、害怕恐慌和自卑等。因此，无论遭遇了什么不快，你都要努力建立自信。尽管校园霸凌会让你感到沮丧和无助，但请相信自己的价值和能力，不要让霸凌者的行为影响你，要坚持寻求帮助并找到解决问题的方法。

面对校园霸凌，如果你选择独自承受身体和心灵上的伤害，你保护了父母，不让他们担心，但你忽略了自己的感受。你的坚强和勇敢让人心疼。请记住，你忍受委屈和伤害，在霸凌者眼中可能会被视为默认的允许。他们从你的态度中学会了如何一点点突破你的边界。霸凌者不会主动停止霸凌，除非你发出自己的声音，向霸凌行为说"不"。

如果你发现老师或父母无法帮助你，也不是你的错。你只需继续发出自己的声音，总有人会听到你的求助，会和你站在一起。你看，我们就听到了。

6. 好朋友要抄我的作业，给还是不给

朋友因为某些原因没能及时完成作业，他希望能借我的作业抄一下。

我感觉很矛盾。一方面，我们是好朋友，我想帮助他；但另一方面，我觉得这样做不对，因为这毕竟是我的劳动成果。

如果我让他抄作业，他可能会因为轻易得到别人的成果而不去努力。

如果我拒绝他，他会觉得我不讲义气，甚至可能会因此疏远我。我很珍惜我们的友谊，不想因为这件事影响我们的关系。

我真的很困惑，我究竟该如何选择？

学姐说

面对好朋友的请求，你陷入了两难的境地。你既想帮助他，又担心这样做会对他产生负面影响。这是一个道德困境，很多人都会遇到类似的情况，包括我自己。

首先，你需要明确自己的立场和原则。抄作业是不对的，因为这违背了学术诚信和道德准则。如果你让他抄你的作业，这可能会让他养成不劳而获的坏习惯，对他的成长和发展不利。

其次，你可以尝试与好朋友进行坦诚的沟通，告诉他你的担忧和顾虑，让他理解你的立场。同时，你们也可以一起探讨其他解决问题的方法，比如他可以和老师说明自己的情况，寻求老师的理解，并利用课余时间补作业。

此外，你还可以建议他制订一个合理的学习计划，帮助他更好地管理时间和任务。这样可以让他逐渐养成自主学习的好习惯，提高他的学习能力，增强他的责任感。

最后，友谊是建立在相互尊重和理解的基础上的。虽然你可能会因为拒绝他的请求而感到不适或困扰，但我相信只要你带着真诚和善意去沟通，他会理解并尊重你的决定。同时，你也要记住，在友谊中互相支持和鼓励是非常重要的。

希望这些建议能帮助你做出明智的选择。相信你会以最好的方式处理这个问题，既帮助到好朋友，又能维护你们之间的友谊。加油!

心理老师说

这可能是许多成绩优秀的同学经常会遇到的一个"难题"了。难是因为纠结，但如果放下纠结，解决问题的思路就会变得清晰。

你可以考虑在友谊中做出一些让步。如果你非常珍视这位朋友，并且认为借鉴你的作业能够对他的学习有所帮助(例如帮助他理解一个难以解决的问题)，同时这种做法不会损害你们的学术诚信，那么你可以将这视为一个共同学习和提高的机会。但在这种情况下，你必须确保他不是简单地复制、粘贴你的作业，因为那是一种抄袭行为，对你们两个人都有害。一旦你决定以积极的方式分享你的作业内容，就不要再纠结于"这是我写的，为什么他可以直接使用"的想法，因为在这样的解决方案中，你的首要目标是帮助朋友。

　　同样，你也可以选择"坚守自己的原则"。如果你是一个坚守原则的人，行事有准则、决策有分寸，这本身就是一种独特的魅力。坚持自己的价值观和道德标准，这是建立真正友谊的基石。当然，坚守原则需要巨大的能量和决心。如果你认为他人的行为侵犯了自己的知识产权、个人隐私或个人空间，你完全有权拒绝。如果这种坚持导致朋友疏远你，你也可以坦然接受，因为在大是大非的问题上，原则的不同可能会导致友谊的破裂，这是迟早的事。然而，事情可能并不像你想象的那样糟糕。例如，朋友可能会在一开始感到不悦，但总有一天他们会意识到独立完成作业的重要性，从而自然而然地与你恢复曾经的友谊。

　　最后，解决这个问题并非只有两种极端选择。尽管你不想让他抄你的作业，但你仍然可以提供其他形式的帮助，比如解答他对作业的疑问，和他一起讨论问题，或者分享学习方法和资源。如果对方不理解你的立场，你可以坦诚地与他交流，把你所有的顾虑都告诉他，并强调你之所以这样做是因为关心他的学习和成长。如果你的朋友真心理解你，他会被你的真诚打动，并且会尊重你的决定。

7. 和朋友一起做错事，他总把责任推到我头上

这段时间，我注意到每当我和朋友一起做某件事出错时，他总是习惯性地将责任归咎于我，而自己则置身事外。

有时，我知道自己并没有做错什么，但他的指责让我开始怀疑自己。

我尝试解释我的立场和观点，但他总是打断我，坚持认为我是导致问题的罪魁祸首。

这样的情况让我很不舒服，在这段友情中我仿佛成了一只替罪羊，而他却不用负丝毫责任。

学姐说

在一段友情中，相互的信任、理解和支持是非常重要的。当你发现朋友在问题出现的第一时间总是习惯性地指责你，而不愿意承担自己的责任时，这无疑会对你的心理和情感造成一定的伤害。我知道，这种当"替罪羊"的感觉肯定很难受。

首先，你需要明确告诉朋友你真实的感受和立场，让他知道这样的行为对你造成了困扰。同时，你也要告诉他，希望他能正视问题，而不是逃避责任。

你还可以尝试与朋友一起探讨问题的根源，比如，问问他为什么会有这样的行为，是不是因为他在某些方面缺乏自信或者安全感，还是他害怕自己犯错后会让人觉得他很糟糕。通过深入的沟通，你可以了解朋友逃避责任的原因，和他一起寻找解决问题的方法。也许当他不再害怕犯错的后果时，他就不会随便"甩锅"给你了。

如果经过多次沟通，朋友依然没有改变他的行为，那么你可能需要重新考虑这段友情的价值了。真正的朋友应该在你需要他时给予支持，和你共同承担责任，而不是在你犯错时一味地指责你，更不能把你当成他的"替罪羊"。

如果你觉得这段友情已经给你带来了太多伤害，那么放手也许是一个更好的选择。记住，你值得拥有更好的友情和更懂得尊重你的朋友。

心理老师说

社会心理学认为，人通常有自利偏差，即对于与他人共同取得的成功会认为是自己的功劳，而将合作之后的失败更多归咎于他人。因此，这不是你的朋友针对你，而是社会交往中经常出现的认知偏差（人会下意识地启动自我保护机制）。面对这种情况，你可以积极思考解决方式，避免陷入无谓的纠结。

首先，在与朋友讨论问题时保持冷静和理智，不要被情绪左右，以免导致不必要的冲突和误解。清楚地表达你的观点和立场，坚持说出你认为正确的事实，不要轻易被他人的指责影响。被要求"为失败负责"时，你可以和朋友积极沟通，进行理性、开放的对话，分析事件的始末、错误的原因，而非盲目纠结于责任的归属，相互指责。

其次，对于已经发生的事情，我们无法改变，但我们可以选择如何应对。失败会滋生负面情绪，每一种负面情绪都会给身体带来不适。如果朋友选择向你倾诉，这代表他在你这里感觉到了信任和安全，你稳稳地接住了他的情绪，这是你们关系良好的体现。然而，如果对方只关心自己，完全不考虑你的感受，这可能表明你们的关系存在问题。那么，你们的关系究竟是怎样的呢？你又该采取何种应对方式？这其实取决于你怎么看待这件事。你是选择相信他对你的信任和亲近，还是选择相信他对你的忽略或利用？你可以自己决定。无论如何，勇敢地表达自己的感受是关键，比如，你可以说："你认为这件事我该负责，你还在我说话时打断我，我很难过，因为我觉得我没有做错。一件事情的发生，每个相关的人都有责任。关于这件事如何处理，我想和你好好谈谈，我们要一起面对，一起解决……"

如果上述方法都不奏效，朋友依然习惯性地归咎于你，你可以考虑设立一些界限，让他知道你不愿意接受无理的指责，也不想成为他的"替罪羊"。

8. 我见到老师就紧张，不敢说话

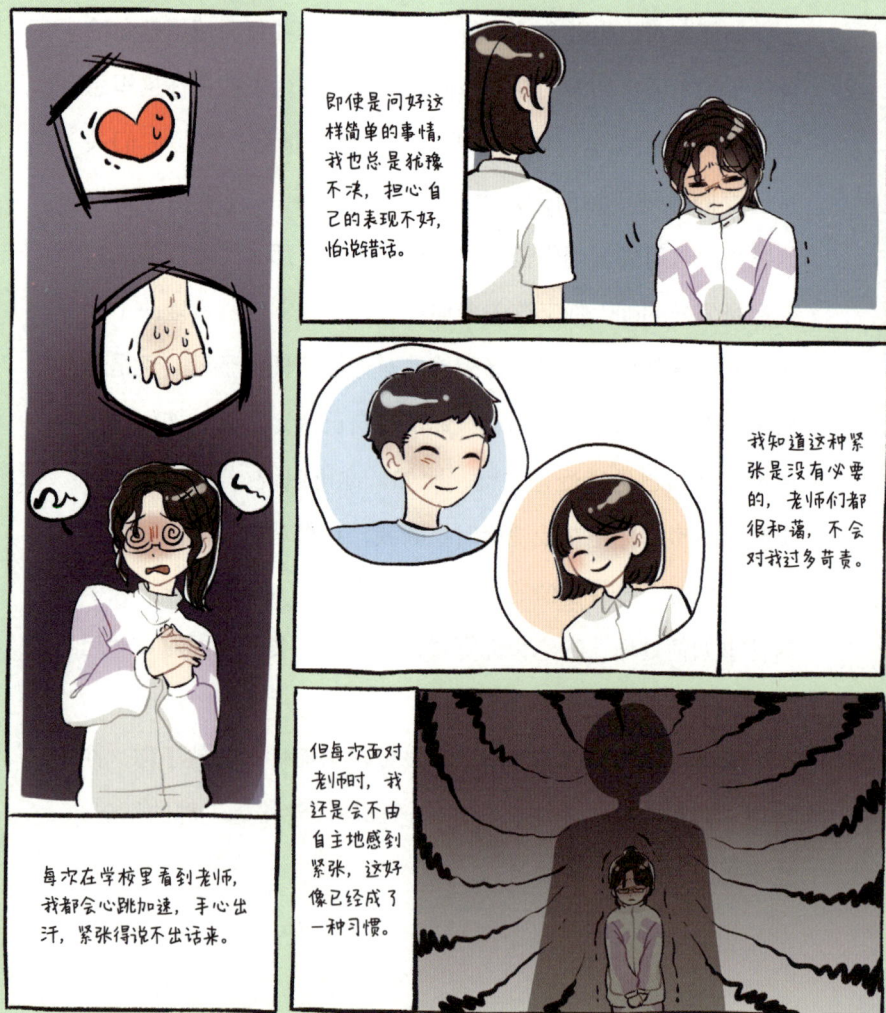

即使是问好这样简单的事情，我也总是犹豫不决，担心自己的表现不好，怕说错话。

我知道这种紧张是没有必要的，老师们都很和蔼，不会对我过多苛责。

每次在学校里看到老师，我都会心跳加速，手心出汗，紧张得说不出话来。

但每次面对老师时，我还是会不由自主地感到紧张，这好像已经成了一种习惯。

学姐说

　　我特别明白你的感受，路上见到老师就想绕道而行，恨不得穿上一件"隐身衣"！你也许也在疑惑，这种紧张感到底从何而来？它让你无法与老师正常交流，甚至影响到你的学习和生活。这种感觉真是太糟糕了！到底有没有什么办法可以让你轻松地面对老师呢？

　　其实这种紧张感是很正常的，它源于你对未知的担忧和对评价的恐惧。让我猜一猜，你心里是不是觉得老师就是那个每天盯着你、评价你、要求你的人？如果你是这样想的，那你对老师就会唯恐避之不及，生怕一个不小心就被老师看到自己的缺点或毛病，被他批评。但是，换个角度看，如果你把老师当成为你答疑解惑、提供帮助的人，那你遇到问题就会主动找老师沟通，也能看到老师和蔼可亲的一面：他们希望与学生建立良好的关系，会帮助大家成长和进步。

　　为了克服这种紧张感，你可以尝试一些具体的方法，比如：提前准备一些想要和老师交流的话题，这样在面对老师时你就有话可说，不会感到尴尬，也能增进对老师的了解；你还可以尝试主动与老师交流，看见老师时主动微笑、点头或者简单问候等，这样可以帮助你逐渐建立起与老师的联系。

人与人的交流是双向的，当你用真诚坦然的心态面对老师时，你就会发现每一位老师都变得越来越亲切。

心理老师说

悄悄告诉你，即便是一位 50 多岁的长辈，在进入老年大学重新学习时，面对老师依然会有些许紧张。所以，紧张是正常的，不要因为自己的紧张而焦虑哦！

那么，为什么我们会一见到老师就紧张呢？原因之一是，老师是权威的代表，我们遇到权威或威严的形象，自然表现出的肃然起敬，或是进入一种"准备服从命令"的预备状态，有时会被大脑解读为紧张。

另一个原因是，我们内化了一个严苛的老师形象。如果我们曾经遇到过严苛的老师，看到过老师责罚其他同学，或者自己曾经因为做错事而被老师批评、惩罚过，我们的内心就会形成这样内化的形象，并将该形象泛化到所有老师身上。如同害怕毒蛇的人看到麻绳也会心跳加速、想要逃离一样，如果你确定遇到的老师也同样严苛，你可以绕道走——在老师发现之前离开。

如果你对老师的威严感到紧张，甚至紧张到连"你好"都说不出口，那么你见到老师时只要一个点头、微笑就行。

当然，如果你的老师很和蔼，但你依然每次见到他都感到紧张，那么你就需要深入思考这种紧张背后的原因。

问问自己：我究竟在害怕什么？是课前准备不足、担心课上要应对老师突如其来的提问？是不善交际和言辞，不知道怎么和老师打招呼？是担心老师不喜欢自己，对自己有负面评价？是曾经有某件事（考试、班级活动、作业……）没做好，担心老师对自己的印象不佳？

这样做后你会发现，"看到老师就紧张"转化成了它背后真实的原因，你对症下药即可。

如果是担心自己学业准备不足，一方面你可以积极预习、复习，做好充分准备，另一方面你应该更积极主动地去找老师沟通、答疑。如果你因为曾经没做好某件事而担心老师对你的印象不佳，要相信老师会动态、发展地看待你，不必纠结于过去的错误。如果是因为自己不善交际，那么不必强求和老师长时间交谈，简短沟通，或从发邮件开始沟通。

　　克服紧张感可能需要时间，但通过制订新的计划并逐步适应，你可以战胜紧张这种情绪。最重要的是，要相信自己有应对挑战的能力，并持续努力，逐步建立起自信。你会发现，随着时间的推移，你与老师之间的交流变得越来越轻松和自然。

9. 我总是过于敏感，担心别人针对我

在班里我总是担心有同学说我坏话。

看见他们指指点点、小声说着什么，我总觉得他们是在讨论我的事情。

他们是不是针对我，为什么聚在一起时不愿意带上我？

我知道我可能想多了，但我脑海里的担忧就是挥之不去。

学姐说

　　敏感的心灵往往能够捕捉别人注意不到的细微之处，这既是你的优点，也是你目前的困扰。在学校，由于大家每天都在一起学习、生活，各种交流和互动频繁，敏感的你可能会因为别人的一句话、一个眼神而产生各种联想和猜测。

　　其实大多数时候，别人的一句话或一个眼神并没有特别的含义，更不是针对你。他们可能只是在讨论某门课程、某位老师，或者是在分享生活中的小事。但因为过于敏感，你可能会把这些普通的交流解读为针对你的负面评论。如果你觉得这种情况对你造成了很大的困扰，不妨找一个你信任的人，比如朋友、家长或者老师，和他们分享你的感受。他们可能会给你一些建议，帮助你更好地处理这种敏感的情绪。

　　在这里，我也给你提供三个可以参考使用的方法。

　　第一，"单刀直入"。当你觉得别人在议论你时，不妨主动加入他们，问问他们正在聊什么，这样你可以直接了解他们的真实情况，避免不必要的猜测。真正值得交往的人会尊重并在意你的感受。

第二，"化繁为简"。试着调整自己的心态，不去在意他人的眼光，不过度解读他人的行为和言论。把事情和想法"简单化"，你会发现同学们没有你想的那么复杂，他们只是在进行正常的交流而已。

第三，"顺其自然"。有时候，太想改变自己，太想成为一个拥有钝感力的人，反而会让自己活得更疲惫，陷入更深的内耗之中。既然你无法控制事情的发生，无法阻止别人的议论，不如就让一切顺其自然，接纳自己偶尔会想太多的性格，保持对世界、对生活、对他人的洞察。

其实敏感只是一种性格，它是你人生画布上的一抹独特色彩，让你能够更加细腻地捕捉他人的情绪和需求，全身心地投入各种活动和体验中，探索世界和生命的更多细微之处。所以，不必太过担忧，学会恰当地运用这份敏感，没准它会成为你的独特优势。

心理老师说

　　你说自己敏感，还觉得这样不好、很烦恼，但是其实我有不一样的看法。敏感和钝感都是性格特质，它们本没有好坏之分，当我们误解了敏感，就会对敏感产生排斥。

　　敏感的外在表现是感官敏锐，能快速捕捉很多外在的信息并加以吸收。这样的特质能帮助你快速学习、关注细节。如果将这种特质与学习相结合，你很可能成为解决问题的高手。敏感也是很多职业的必备素质，比如画家、词曲创作者、心理咨询师、医生……你还可以发现更多需要这种敏感特质的职业。敏感在人际交往中同样是一种重要特质，因为它使一个人能够迅速感知他人的情绪，其实这也是高情商的表现。

　　当用这种方式看待敏感时，你是不是开始欣赏这种特质了呢？

　　当然，敏感也有缺点，如同世界上任何一件事物一样，它并不完美。比如，敏感的人可能会比别人想得更多，更在意别人的看法。当你觉得别人可能在议论你或针对你时，你可以先停下来审视一下自己的想法。是否有实质性的证据表明他们在谈论你？是否有其他合理的解释？如果你不确定这件事的可靠性，就不要让自己陷入内耗，努力改变消极的思维习惯，转而用积极的方式思考。试着将这种负面思维替换成：他们貌似在说什么，但这和我有什么关系？当你对自己充满信心，就不容易受到外界的影响。

你不需要改变自己，你只需要完整地看待自己——不仅仅专注于消极的一面，也要看到积极的一面。当你既能看到自己的优点，又能看到他人的优点时，你的世界也会变得明朗起来。

10. 我在班上没有存在感，一说话就冷场

在班级里，我常常感觉自己像是一个透明人。看到同学们聚在一起聊天，我心中也充满了渴望，想要加入他们。

但每当我鼓起勇气开口，总会突然冷场。我的话似乎无法引起大家的共鸣，他们对我的话题似乎并不感兴趣。这种尴尬和失落让我越来越不敢发声。

有时候，我会默默观察正在聊天的同学们，试图找到一些我可以参与的话题。但我担心自己的见解和想法不够成熟或有趣，不足以吸引他们的注意。

我希望能够找到一个方法，让自己在班级中更加有存在感，能够被同学们认可和接纳。

学姐说

在班级中，个人有时候确实会有一种难以融入的感觉，仿佛自己是一个旁观者，无法真正参与同学们的交流。这种感觉让你感到无比孤独和失落，觉得自己像是空气一样的透明人，但是请相信，其实你并不孤单。

你需要明白的是，每个人都有自己独特的价值和魅力，你的存在本身就是一种意义，不需要通过别人的认可来证明。你不必过于在意自己在集体中的存在感，而要学会欣赏自己的独特之处，相信自己拥有无可替代的价值。

有了自信自爱作为前提，接下来，你可以尝试一些具体的方法。

首先，要用心倾听并积极回应。在交谈中，掌握倾听的艺术至关重要。过于急切地表现自己，随意打断或反驳他人，往往会导致不愉快的交流。如果你不确定该如何回应，可以选择微笑、点头或重复对方的话以示认同，这些都是积极的交流方式。即使开始时可能会遇到尴尬的沉默或误解，你也不必太担心。只要能持之以恒，同学们最终会认识到你的价值和你对班级的贡献。

其次，与同学们建立更深的联系，比如了解他们的兴趣爱好、经历和想法，与他们分享自己的故事和感受。通过真正的交流和倾听，你可以与同学们建立起更深的联系，增加自己在班级中的存在感。

再次，不要过于苛求自己，每个人都有自己的社交节奏和社交方式。不要把自我的价值和存在感完全让别人去定义，要学会自我肯定和自我欣赏。相信自己是独一无二的，相信自己的价值，这样你才能在班级中找到属于自己的位置。

最后，要有耐心和学会坚持。改变并不是一蹴而就的，需要时间和努力。相信大家会逐渐接纳和认可你。

心理老师说

在人群中认识自己，在集体中找到归属感，是每个人成长过程中非常重要的心理发展阶段。因此，当你觉得自己是"小透明"、缺乏存在感时，你所体验到的失落和内心的空虚我是完全可以理解的。你知道吗，在心理学领域，存在感是一个深远而重要的概念，甚至有一个专门的心理学分支——存在主义心理学——探讨这个主题。存在主义心理学不仅探讨人类存在的意义，还研究世间万物存在的意义。当你寻找自己的存在感时，你实际上也在寻找自己的价值感。每个人存在的本身就是有意义的，有价值的，这与你说了什么、做了什么，或者你是否优秀、出色无关。

你能积极参与班级和集体活动，这已经很棒了。我想告诉你的是，在任何团队或集体中，都有不同的角色：领导者、支持者、决策者和参与者。并不是只有领导者和决策者才能发光，就像卡牌游戏中的"平民"，也能扮演至关重要的角色。所以，不要认为"不够显眼"就等同于"不重要"。你可以逐渐探索和发现自己的核心价值、个性和不可或缺的特质。

也许在开始的一些活动中，你感觉不太适应，但还是要积极投身于各种活动中，参与讨论，并且勇于提出自己的看法和建议，展现你的个性和独到见解。有时候，你会遇到冷场或挫折，但请不要气馁，继续尝试。通过这些经历，你可以逐步建立起自信，相信自己的价值和能力。

如果你们班级有四十个人，那你就是四十分之一；如果你家里有三个人，那你就是三分之一。一个班级、一个家庭，都是由一个个个体组成的，千万不要小看个体的重要性。你的言论和想法非常重要。

你一定见过广阔的青草地，我猜吸引你目光的，是那些在草地上绽放的鲜花。它们如此明亮夺目，热闹地展示着自己的美丽。但如果没有草地的默默衬托，鲜花的色彩也会变得单调。无论是选择成为盛开的花朵，还是选择成为静静衬托的草地，每种选择都有其独特的价值。

最重要的是，无论别人给你贴怎样的标签，你都要无条件地珍惜和爱自己。

11. 同学都在暗暗比拼成绩，
他们表面和谐但态度忽冷忽热

火箭班

我所在的班级聚集了众多优秀的同学，但班级的气氛让我感觉有些微妙。

——冷漠——

大家似乎维持着一种表面上的和谐，私下里很少深入交流。每当我想与大家讨论某个问题时，得到的回应总是含糊不清的，或者对方的态度忽冷忽热。

孤独
压抑

在这样的环境下学习，我觉得压力很大。我担心自己无法适应，更担心三年的时光会在孤独和压抑中度过。

我时常想，为什么大家会这样？难道有竞争就不能成为伙伴了吗？是我的想法太幼稚了吗？

学姐说

在一些学校，你所描述的班级气氛并不罕见。在这种环境中，同学们可能因为竞争压力，彼此之间存在着一定的隔阂。

从小到大，我们经历过许多次考试和竞争，也常常遇到大人们夸赞"别人家的孩子"的状况。在"千军万马过独木桥"的压力下，我们和同学被迫变成了对手，而不是伙伴。要知道，伙伴之间往往互相协作，而对手之间则会互相提防。于是，你描述的状况自然就会出现。

明白了这一点，你应该就能理解你的同学为什么会出现这种状态了。你的担心和压力是不是也减轻了许多？

其实，如果想要改变这种现状，你可以尝试成为"破局者"，主动与同学进行交流，寻找你们共同的兴趣和话题。通过真正的交流，你会发现，其实大家都有相同的感受和类似的困惑，大家都想摆脱这种困境，大家都想多一份"松弛感"。毕竟，谁都希望身边是相互支持的伙伴，而不是处处竞争的对手。

另外，"优势互助"也是一个可以尝试的办法。既然同学们都很重视学习，那你可以把你的优势学科的学习方法和资料与需要帮助的同学分享。当互助和共享成为班级的主要氛围时，每个同学都会从中受益。

心理老师说

作为学生，你把班集体当成自己的第二个家，你对它有很多幻想和期待，现实却带来很多压力——这种情况可以用以下两个心理学理论来调整自己的想法，试试看！

社会比较理论：在理科实验班里感到压力是正常的，这种压力往往来自我们不断地与他人比较——这就是社会比较理论所说的现象。每个人都有自己的长处和短处，不必苛求自己在各个方面都超过别人。你可以设定个人目标，关注自己的进步，记录下自己每次考试和练习的进步，增强自信。同时，可以找一些与你有相似兴趣和目标的同学，组建学习小组，互相帮助，减轻竞争带来的压力。

人际关系理论：人际关系理论强调，良好的人际关系影响我们的心理健康和幸福感。在班级里，大家表面和谐但缺乏深入交流可能让你感到孤独和压力。但你可以主动改变现状，比如主动与同学交流，寻找共同话题，你们可以从日常小事聊起，比如讨论作业或兴趣爱好。此外，参加班级活动或兴趣小组也是建立和维护人际关系的好机会。通过这些努力，你能化解误会，找到共鸣，建立良好的人际关系，减轻自己的压力。

班级是一个微型社会，在某些特殊情境下你可能感受不到足够的温暖和关爱，但这也反映了未来人生中的常态：人渴望社交，但也要时常面对孤独。

12. 同学和我开过分的玩笑，
我虽然装作不在意，但心里很难受

我是一个大大咧咧、不拘小节的人。同学们似乎默认我可以接受任何玩笑，无论多么过分。

每次他们开我玩笑时，我总是笑着自嘲，尽量不让气氛尴尬。但实际上，这些玩笑让我非常难受，甚至有被伤害的感觉。

我尝试向同学们表述我的感受，但他们都认为只是开玩笑而已，我太敏感了。这让我更加困惑，难道我应该接受这些我并不喜欢的玩笑吗？

我希望同学们能够了解我真正的感受，不再用那些过分的玩笑伤害我，但我不知道如何开口告诉他们。

学姐说

　　舞台上的小丑总是用扮丑搞怪来让观众哈哈大笑，站在舞台上的每一分钟他们都卖力给予观众情绪价值，但他们落幕后的辛酸和疲惫却没人看见。我知道，你不希望在生活中继续扮演小丑的角色，因为不被理解和尊重的感觉实在太糟糕了。

　　一直以来，你都以一个大大咧咧、不拘小节的形象示人，这让同学们忽视了与你开玩笑的分寸。然而，每个人的底线和感受都是不同的，你有权保护自己不受伤害。

　　下次再遇到这种情形，你可以试着直接告诉他们，你不喜欢这个玩笑，虽然你通常表现得很大度，但这并不意味着你可以接受任何过分的玩笑。你可以请他们尊重你的感受，并在开玩笑时注意分寸。

　　你觉得自己没有勇气说出这些话？你担心同学们会因此疏远你？有时候你总想照顾大家的感受，却往往忽略了自己，甚至把自己变成一个讨好型的人。你觉得，只有当自己表现得足够随和、足够好的时候，别人才会喜欢你。所以你从不拒绝他人，还会常常压抑自己，只在心里默默难受。

这种以牺牲自己的方式换来的与他人和谐相处是不平等的。交朋友的前提是双方彼此尊重。想获得他人的尊重，你需要自己去努力争取。尽管迈出这一步不容易，你的朋友们也可能会被吓一跳，但你要知道，你的感受才是最重要的。请记得，勇敢为你自己发声。

心理老师说

听完你的讲述，我想你一定是一个风趣大气的人。同学们眼里的你大抵也是如此，因此他们才会经常和你开玩笑。

事实上，每个人都是有惰性的，当我们长期展现单一特质时，周围的人往往会忽略我们身上其他潜藏的特质。因此，他们习惯性地用幽默风趣的方式与你交流。这其实是人际交往中的一个普遍现象，也反映了他们可能不想花精力去深入了解你。当你试图向朋友表达你的真实感受时，他们无法接受，并不是因为你太敏感，而是因为你打破了他们对你的固有印象。

当一种新的特质出现在他们面前时，你依然是那个真实的自己，只是他们需要时间去适应和习惯这个新的你。你有责任让周围的人了解你的多面性：你既是爱开玩笑的，也可以是严肃敏感的。不被他人定义的关键在于，你如何认识自己。

找个合适的时机，直接而坦诚地表达你的感受。告诉他们，你不喜欢那些过分的玩笑，它们让你感到不适。只有明确你的边界，才能更好地保护自己。此外，改变自己对待这些玩笑的方式也能改变局面。你可以尝试以一种更加坚定和自信的态度来回应这些玩笑，让他们知道你不再容忍。

我猜，你是不是担心，一旦表达了自己的不快，大家就会对你产生反感？其实曾经我也是这样的。但是后来我明白了，那些真正喜欢你的人，无论怎样做都会喜欢你，他们可能会因为你的勇敢表达而更加欣赏你；而那些原本就不喜欢你的人，即使你选择忍受，他们也不会改变对你的看法。你完全有权维护自己的感受和尊严，所以在必要的时候，请积极地表达自己，并设立明确的界限。

如果你觉得独自面对这个问题很难，可以找一些你信任的朋友或老师，向他们倾诉你的困扰，寻求帮助和支持。最重要的是，不要让别人的玩笑影响你的自尊和自信。你要相信自己的价值，坚决维护自己的感受和尊严，千万不要为了迎合别人而委屈自己。

13. 我喜欢一个女生，
忍不住关注她的一举一动

最近，我发现自己心里住进了一个人，每次看到她，我的心跳都变得很快，感觉整个世界都亮了起来。

但这份喜欢也让我陷入了困境。我不敢向她表白，害怕被拒绝后我们的关系会变得尴尬。可是，我又忍不住每天关注她的一举一动，甚至上课时也无法专注学习。

这样的状态让我很苦恼，我不知道该如何处理这份感情。是应该勇敢地去追求，还是应该把它藏在心底，让时间慢慢冲淡？

我真的很想听听别人的意见，但又不知道该找谁倾诉，毕竟这涉及我的情感隐私。

学姐说

青春期的情感是美好而青涩的。喜欢上一个人，这本身是一件很自然的事情。但是，妥善处理这份感情需要一些智慧和勇气。

你可以先问自己两个问题。

"我喜欢她什么？是喜欢她漂亮可爱，还是聪明机智，抑或是温柔善良？"当你尝试回答这个问题时，你会真正看到她的优点，也能更真切地明白自己的心意：这份喜欢是真挚的吗？还是只是一时的冲动？

"我要表白吗？"喜欢一个人，是否要让对方知晓，这是个值得思考的问题。你可以根据和她的日常互动判断一下，表白会让你们彼此变得尴尬，还是会让关系变得更亲近。如果表白成功，你觉得是会影响你的学习，还是会成为你前进的动力？假如现在还不是合适的时机，那么或许你应该考虑把这份喜欢藏在心底。

另外，如果你实在忍不住时刻关注她的一举一动，我建议你努力尝试转移自己的注意力。你可以多参加一些课外活动或者培养新的兴趣爱好，让自己的生活更加丰富多彩。这样不仅可以让你减少对她的关注，还可以让你更专注于自己的成长。

青春期的情感经历是一份宝贵的财富。无论结果如何，这份懵懂和青涩都值得我们珍惜，是我们生命中很特别的一部分。

心理老师说

感谢你对我的信任，和我分享你内心深处的秘密。将心中的秘密倾诉出来，是否减轻了你心中的负担呢？希望如此。

听完你的讲述，其实我不禁感慨，青春期时候的"喜欢"，是多么青涩，多么美好呀！那种"心里住进了一个人"的感觉，其实是我们每个人成长中都会有的体验。这是一种美妙的情感，尽管它让我们感到慌乱、紧张和焦虑，但是要知道，这本身就是爱情的特质。

你说你忍不住去关注对方，这说明你在用心欣赏生活中的美好，建立自己的审美观，同时寻找自己的情感依托。这些都是成长和成熟的自然体现。所以，千万不要把它当作一种负担和困扰。

实际上，你之所以感到不适，而且似乎难以集中精力学习，并不是因为你时刻关注自己喜欢的人，而是因为你在和自己的本能做对抗——喜欢一个人的本能。你在努力克制、避免分心的挣扎过程，反而让你难以集中精力在学习上。所以，顺心而为，告诉自己，喜欢一个人是很正常，也很自然的事，也是你成熟、进入美好青春期的表现，而短暂的分心也是很正常的事。再退一步讲，分心本来就是生活的一种常态，我们每个人的注意力资源是有限的。即使你现在没有因为喜欢异性而分心，也会因为其他事情分心走神。

困扰你的第三点是，应该如何处置这份感情。我的建议是，在采取进一步的行动之前，先深入分析你对她的情感和你表白的结果。第一种情况，你对她可能只是一时的迷恋，而不是真正的爱情，过一段时间你主动放弃。第二种情况，你表白了，但是被拒绝了。如果你觉得无法承担被拒绝的后果，那不妨选择将这份情感藏入心底，选择不表白，独自享受这份美好。也许多年后回首，你会为自己的勇敢而自豪。第三种情况，你们彼此喜欢，表白成功。对表白成功的想象，也许会给你更多行动的勇气。这份感情的结果，无非就这三种，所以你不必纠结，问问自己的内心，做出你自己认为最好的决定。

无论如何，喜欢上一个人都不是一件令人羞耻的事，而是你情感世界的一部分。在不影响自己、他人学习和正常生活的情况下，你不必过分纠结于这件事。

14. 班里有人搞小团体，
我不想加入又害怕被丢下

班里的小团体现象越发明显了，他们聚在一起形成了一个个独立的小世界。

我并不想加入小团体，但偶尔看到他们欢声笑语，心中也会涌起一丝落寞。

放学后，他们结伴而行，我一个人走在回家的路上。我享受独来独往的自由，但也希望偶尔能有朋友相伴。

我不想被认为是高冷、不好接近的人，但也不想为了迎合他人而改变自己。我希望能够找到一种平衡，既能保持自我，又能融入集体。

自由　集体

物以类聚，人以群分。学校里，同学们三五成群的现象很常见。一些人关系比较好，一些人能玩在一起。小团体自然就形成了。不必太抗拒小团体，因为选择权永远在你自己手中。

如果你不想被某个小团休影响，或者不想加入他们的某个话题，你得学会"隐身术"。你可以选择在课间或者休息时找个借口暂时"消失"，比如，你可以说："哎呀，我突然想起来老师交代的任务还没完成，我得赶紧去办公室一趟。"这样，你就能暂时避开他们的视线，享受片刻的宁静。

但如果你希望和一群人交朋友，那么你就要采取"主动交流术"。你不想加入小团体，并不意味着你要将自己完全孤立起来。你可以主动与其他同学交流，分享你的想法和感受。这种沟通和交流并不会磨灭你的个性。

其实选择和一群人打交道还是保持独处，这两者并不对立。当你足够自信，有自己的兴趣爱好，可以充分利用和享受独处的时光，那你永远都不会感到孤独；当你有独立思考的能力，不人云亦云，别人的想法也不会影响你，即便身处一群人之中，你也可以保持自己的独立个性。

你要记住，不要为了迎合别人而改变自己，坚定地走自己的路；也不要为了特立独行而远离朋友。当你充满自信时，你会自然而然地吸引更多志同道合的朋友。

心理老师说

有时候，我们会因为得不到而害怕，还会因为得不到而假装自己不在意、不喜欢。所以我非常理解你的感受——既好奇他们在窃窃私语些什么，又因为无法融入他们而懊恼。

我想告诉你的是，其实选择权一直在你自己手里。如果你想加入他们，你就主动加入；如果你担心被拒绝，你可以自己组建属于自己的小团体。比如：向你认为与你同频的同学发起一次主动的邀请，"放学后我们一起回家吧"；看到他们需要帮助时，主动询问"你需要帮助吗"。我相信，善意的邀请一定会吸引善意的同频人。另外，也不要把自己局限在某个特定的小团体中，你可以参加各种类型的团体活动，比如助人团体、学习团体、讲笑话团体、羽毛球团体等。

　　只要你积极主动做出一些改变，情况就会有所不同。在集体中主动地展示自我，你就能找到想要的平衡点——既很好地融入了大家，又不至于磨灭自己的个性。最后，祝愿你成为一个在集体中闪耀，同时保持独特个性的人！

15. 朋友分享欲旺盛，我觉得被打扰

课间休息时，朋友拉着我说个不停，从最新的游戏、小说到昨晚的电视剧，我插不上话。

午饭后，他又凑到我身边，开始讲他新发现的有趣网站，我只能微笑应和。

晚自习时，我正在复习，他时不时发消息给我，虽然我知道他没有恶意，但真的打扰到我了。

朋友的分享欲太过旺盛，而我真的需要一些独处的空间，我该如何跟他说呢？

学姐说

不好意思说"不"，不好意思拒绝，被别人打扰也只能默默生气……你是不是被自己的"老好人"人设困住了？

关于这个问题，我曾经试过两个小办法，你可以试试。

第一个是"拒绝成为情绪垃圾桶"。有些朋友非常喜欢分享负面情绪，每次遇到一点小事情，都会跟你抱怨个不停，翻来覆去地宣泄情绪。无论你是给予安抚还是提供解决方案，他都不予采纳，只是一味输出。当你和这样的朋友相处时，如果感到内心积极的能量越来越少，负面情绪越来越多，请直接告诉他"我们说些高兴的事情吧"，或者"我知道你现在有很多情绪困扰，但是我好像帮不了你，你要不要去找专业的心理咨询师帮你疏导一下"。这对你和朋友都有帮助。

第二个是"爱的拒绝术"。当朋友拉着你喋喋不休时，如果你发现他只是太爱说话或太爱分享，而你当下又比较忙，那不妨用上"爱的拒绝术"，比如可以说："你分享的游戏听起来很有趣，我也想玩，但现在我还有作业没完成，等我完成作业我们再来聊好不好?"你看,这样既表达了自己的需要,又不会让他觉得被冷落。真诚永远是朋友之间最重要的交往秘诀。

要知道,好朋友不是一天到晚黏在一起,保持彼此的独立时间和空间,友谊才会更长久!

心理老师说

说和听是人类十分重要的能力,二者相比,听更有魅力,也更难做到。你看,我们都有两只耳朵,却只有一张嘴,这恰恰说明了听的重要性。有这样一种说法,我们只用一年的时间就学会了说话,但是要用一生学会闭嘴。这也说明了倾听是一种多么重要且多么可贵的能力。幸运的是,你具备了倾听的能力,这是人际交往中最可贵的品质。

你一定是一个很善解人意的朋友,否则同学们怎么会愿意在你面前畅所欲言呢?这是你的优点,你可以充分利用这一点。

但是,善于倾听并不意味着你不需要表达。倾听多了,你也会有自己的倾诉需求,这是人的本能。你可以大胆地表达自己的需求，比如："今天我也想说说我的故事，可以占用你 10 分钟时间吗？"

善于倾听也不代表你随时都有空，你也需要有自己的空间和时间。当你没时间时，你可以大胆地说出来，就像朋友们需要你时那样直接，比如："我知道你现在想和我聊天，但我需要先完成作业／上完课，我们可以稍后再聊吗？"这样，你尊重他人的同时，也勇敢地表达了自己，这其实是在教别人如何尊重你。

你还可以找一个同样善于倾听的朋友来分享你的感受，就像你现在通过文字向我倾诉一样。

1. 脸上有青春痘和黑眼圈，我长得不好看

每次照镜子，看到自己脸上的青春痘和黑眼圈，我就会感到心情低落。

看着身边的同学都有着双眼皮和干净光滑的脸蛋，我更加觉得自己长得不好看。

我开始怀疑自己的价值，觉得自己比不上别人。

没价值

没用

我真希望有一天醒来，自己就变得美丽动人，拥有自信和勇气。

学姐说

　　容貌焦虑不是你一个人才有的，我也常常会觉得自己鼻梁太塌、个子太矮。但是，我希望你知道，每个人都是独一无二的，不论外貌如何，你都值得被珍惜。

　　每个人都有自己独特的魅力，接受自己的样貌，欣赏自己的特点，你才能更加自信和快乐。

　　你的内在品质，如善良、智慧和勇气，远比外貌更重要。不要忘记，你所展现的爱与关怀，你对他人的友善和支持，都会让你成为一个美好的人。

　　容颜会老去，但你的才能和梦想永远生机勃勃。

　　告诉你一个秘密：魔法世界里有一种叫作"自信之镜"的宝物，它能够让你看到自己真正的美丽。当你站在镜子前，用心去感受自己的内在美，你会发现自己的独特之处，也会拥有自信和勇气。

　　同时，好好照顾自己的身体，保持健康的饮食、适量的锻炼和良好的睡眠。请记住：身体是我们灵魂的容器。请对自己好一点，相信自己，爱自己。

心理老师说

关注自己、欣赏自己是我们作为人类的本能。然而，我们需要明白，"美丽"和世界上许多其他事物一样，并没有一个统一的标准。根据不同的视角和价值观，"美丽"有着多样的定义。在妈妈眼中，有些婴儿肥的宝宝是最可爱的；在医生眼中，标准的体重是最理想的；在长者眼中，青春期的活力是最美丽的。

所以，在"美丽"的众多内涵中，"外貌美"只是其中一个方面。真正的美丽远不止于外貌的美，它还包括内心的善良、智慧、勇敢、真诚，以及通过不断学习和成长所塑造的丰富人生。外貌更不能完全决定一个人的价值和幸福感。

你要告诉自己，你是独一无二的。每个人都有自己独特的美丽和价值，关键在于你如何看待自己。记住，你的价值不是由外界定义的，而是由你自己的内在品质和追求决定的。

当你被自己的容貌困扰时，可以尝试给自己写一张"爱的能量贴", 写下你的优点, 无论是外貌、品质, 还是性格特点, 都值得被记录、被关注。每天早上, 当你照镜子时, 试着对自己说一句正面的话, 比如"我今天很棒"或者"我值得被爱"。看到自己美好的一面, 你的困扰也就会减少很多。

最后, 我想告诉你一个秘密, 这其实也是一个事实: 每个人每天都在关注自己的外貌, 包括脸上的青春痘。这种自我关注, 有时甚至觉得自己是世界中心的感受是非常真实自然的, 也是一种爱生活、爱自己的健康心理状态。所以, 当你发现自己在关注脸上的瑕疵时, 不要感到羞愧或自责。这是你作为一个人在正常生活中的自然表现。此外, 一定要记住, 你不是孤单一人, 每个人都经历过类似的困扰, 重要的是要接受自己, 欣赏自己的独特之处。现在, 有没有感觉好一些呢?

2. 我长得很胖, 经常被别人起外号

每天站在镜子前, 看着自己肥胖的身材, 我很自卑。

同学们总是给我起外号, 叫我"肥妞"或"水桶"。

我很害怕去学校, 我觉得没有人喜欢我。

我想跟大家说不要用这样的外号称呼我, 但我不敢说出来。

学姐说

被同学起外号，真的让人郁闷。我想起了我小学时被叫过"放牛娃""胡萝卜"。当时同学们这样称呼我的原因，我已经不太记得了，唯一留下的"后遗症"就是我家里现在还有各种胡萝卜形状或图案的靠枕、笔袋、发夹……这些都是同学和朋友送给我的礼物。

如果你被叫外号时的第一感受是生气，尤其是有些外号明显带有侮辱性，那么不要把你的不开心默默闷在心里，可以当面和对方说出你的感受："我不喜欢被这样称呼""你这样称呼我我很难过"……不要害怕说出自己的感受，有时候，同学们可能并没有意识到这件事带给你的困扰，或者忽略了你因此而受到的伤害，当你开诚布公地说出来，大家就有机会了解了。

如果你觉得这个方法对你来讲很难，那么就试试"自我开解法"吧，这不是阿Q式的精神胜利法，而是换个角度看待问题。外号不过是一个玩笑，如果你把它当真，对它太过在意，就会被它伤害；如果你能对这个玩笑一笑了之、不予理睬，别人也会因为自讨没趣而转移注意力。当然，如果你觉得这个玩笑已经超出了恶作剧的范围，让你感到极其难过和不适，那么请你勇敢地向父母、老师、朋友寻求帮助。不要担心丢脸，或被人说小题大做、不合群，你的感受才是最重要的，而且真正的朋友一定是能尊重并接纳你的。

最后，我想跟你说，请相信，你的价值不仅仅取决于外貌或体重，不要让外界的评价左右你的情绪和自尊。我们或许不完美，但我们每个人都是独特而美好的！

心理老师说

亲爱的同学，首先我想说，长得胖不是你的错，甚至它都算不上是一个错误。你的身体形态并不能定义你的整个人格。每个人都有自己独特的价值和才能，而身体形态只是你众多特质中的一部分。至于被人取外号，更不是你的错，那是对方在用语言表达他的偏见。所以，当别人评价你的时候，请记得把评价自己的权利抓在自己手里。明明是别人的错误，我们不应该和他人一起来伤害自己。此外，如何定义"胖"？如何划分"胖""瘦"的界限呢？你的体形在某些文化语境中没准是"瘦"的。

其实，更重要的是你如何看待你自己。当别人说你笨的时候，你也觉得自己不聪明吗？当别人说你很丑的时候，你也觉得自己不好看吗？虽说人无完人，但是每个人都要有准确的自我认知。如果我们能恰如其分地看待自己，相信自己，不过分夸大自己，也不过分贬低自己，那么别人的看法就很难影响到我们。

所以，与其试图改变别人对你的看法，不如先问问自己：我真的是他们说的那样吗？如果你觉得不是，那就随他们说；如果你觉得是，那就先好好欣赏自己，然后改变看待自己的态度。如果你发现别人的言语已经严重影响到自己的心情，不妨寻求老师或者专业心理咨询师的帮助，他们可以给你提供更多的支持和建议。

最后，送你一句话，也是我很喜欢的一句精神分析的经典语录：别人如何对待我们，其实是我们自己教会的。这句话提醒我们，我们的行为和态度会对别人如何对待我们产生影响。因此，要学会爱自己，尊重自己，这样别人也会以同样的方式对待我们。

3. 成绩下滑，我非常焦虑，
甚至会偷偷打自己

每次考试结束后，我总是特别紧张。

只要成绩稍微下滑，我就会感到非常焦虑。

我无法集中注意力，甚至开始怀疑自己的能力和价值。

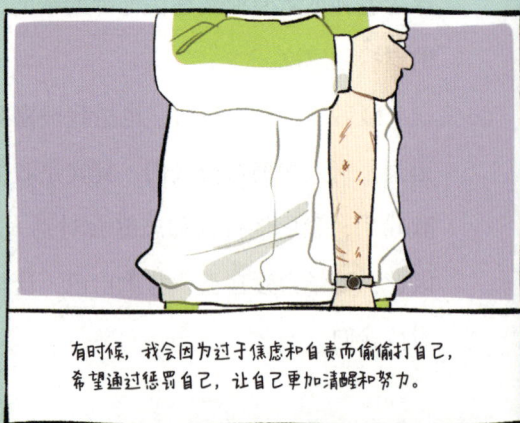

有时候，我会因为过于焦虑和自责而偷偷打自己，希望通过惩罚自己，让自己更加清醒和努力。

学姐说

　　越在意的东西，越会给我们带来巨大的情绪冲击。我知道，作为学生，成绩对我们每个人来讲都是"情绪波动仪"：考得好的人欢呼雀跃，考得差的人垂头丧气、自我否定。但是亲爱的，你要知道成绩并不是衡量自我价值的唯一标准，请别把"成绩下滑"和"我失败了"画上等号。考试是帮助我们发现阶段性学习问题的一个方法，考试成绩只能说明我们在哪些方面做得好，在哪些方面还有提升的空间，但它绝对不代表我们的全部能力和价值。

　　我知道，面对成绩下滑，感到焦虑在所难免，但请别让焦虑压倒你。试着在心中默念一些正能量"咒语"——"焦虑只是暂时的""焦虑伤害不了我""我所担忧的并不是真的"，它们会帮助你平静下来。最重要的是，一定不要用伤害自己的方式来释放情绪，更不要用惩罚自己的方式来强迫自己做得更好。

　　下面介绍给你两个缓解焦虑的好办法。

　　一是让自己"感受好"。当焦虑、压力向你袭来时，你可以尝试深呼吸、写感恩日记、和朋友倾诉，也可以听音乐、画画或者运动，甚至只是下楼散散步，在公园静坐 10 分钟，专注感受花香、阳光、树叶被风吹动的声音、皮肤和空气接触的感觉，把注意力拉回当下的体验，去感知自然的生命力。你会发现原本焦虑的情绪被慢慢抚平。你可以尝试不同的方法，然后找到最适合自己的一个，让自己放松下来。要记住，前提是不要伤害自己，也不要伤害别人。

二是做个"行动派"。与其让自己沉浸在成绩下滑的悲伤里，一遍遍惩罚自己，不如调整心态，通过整理错题发现学习的薄弱之处，然后查缺补漏，主动向同学和老师请教，解决自己未掌握的问题。这才是让自己变得更好的行动！

最后，我想要再次告诉你：别再伤害自己了，你很棒，你很勇敢，你很珍贵！

心理老师说

我识别到了一些危险的信号。打自己是一种极其错误的应对方式，这不仅不能帮助你提高成绩，还会对你的身心健康造成严重伤害。我们需要找到更健康的方式来应对压力和挫折。

例如，当你感到焦虑时，可以进行深呼吸、冥想或运动。这些方法可以帮助你平复情绪，增强自我控制力。

自我效能理论认为一个人对自己能够完成某项任务的信心，会影响其行为选择、动机水平、持续性和表现。你可能因为成绩下滑而怀疑自己的能力，这会影响你的自我效能。你可以通过设定小而具体的目标来增强自我效能，比如每天专注于一个学习任务并记录自己的进步。这样，你能逐步看到自己努力的结果，从而减少对成绩的焦虑。

此外，认知行为理论认为一个人的情绪和行为是由思维模式决定的。你对成绩的极端反应可能源于你对自己的负面认知。我们可以通过识别和挑战这些负面想法来改变情绪与行为。例如，当你感到焦虑时，问问自己："这个想法是真的吗？有其他解释吗？"通过这种方式，你可以逐渐改变对自己和成绩的看法，减少焦虑。

最后，不要孤立自己，寻找可以信任的人分享你的感受。这些人可以是家人、朋友或者学校的心理老师。如果你感到无法控制自己的情绪或行为，请及时寻求专业心理咨询师的帮助，他们能够为你提供更专业的支持和指导。切记，伤害自己无法让你变得更好，只会消耗你的能量。给自己留出一些时间来放松和休息，不要过分追求完美，接受自己的不足和错误。爱自己是你永恒的功课。

4. 我觉得别人都不喜欢我，这个世界糟透了

每一天，我都感到一种沉重的压抑，仿佛整个世界的负能量都压在我的胸口。

我常常想，是不是我做错了什么，为什么别人都不喜欢我？

这种孤独和失落的感觉让我越来越难以忍受，我真的希望能找到一个解脱的办法。

我渴望有人能理解我，给我一些温暖和关怀，但似乎这个世界并不愿意给我这样的机会。

学姐说

　　首先，我理解你。感到压抑时，胸口确实就像压了块大石头，连呼吸都变得困难。不过，你知道吗，石头再重，也压不垮咱们内心的小宇宙。你总觉得是因为自己做错了什么，别人才不喜欢你，但有时并不是你的问题，而是这个世界的节奏太快，大家都忙着赶路，他们还没有机会和你好好沟通。

　　那么，该怎么办呢？可以试试每天写"小确幸"日记，记录下你一天中发现的美好事件，可以是校园里一片随风飘舞的叶子带来的轻盈，可以是和同学迎面碰上时收获的一个灿烂的笑容，可以是在食堂打饭时阿姨多给你舀的一勺菜……当你开始记录，你就会发现世界如此美好，即便很多时候你是独自一人，但你的心里也不会只有孤独和失落。有时候不是"世界糟透了"，而是我们把自己封闭起来了，没有去发现和感受世界的明媚。

　　你也可以成为一个"爱的主动表达者"。你渴望被理解和被关怀，同样，你身边的每一个人也都如此。你不妨试试主动跟爸妈说"我爱你们"，主动跟平时交流不多的同学说"你好"，当有人讨论你感兴趣的话题时主动走过去问"我可以加入吗"。被动的等待会让你越来越无助，就像守株待兔的人大多数时候都要经历失望。当你开始主动表达，你会发现活力、快乐、温暖与爱是可以自己去获取的。

别让压抑和孤独占据你的生活，记住，你并不孤单，至少还有我这样的朋友在陪着你！

心理老师说

亲爱的同学，我发现你陷入了一种非理性思维——"我希望大家都喜欢我，我希望自己是一个完美的人。"但实际上这种情况并不存在。在人生的旅途中，我们需要学会独自优雅地行走，自信地面对他人可能投来的各种目光，这是成长的一部分。你应该拥抱那些不完美的时刻，因为它们塑造了你的坚韧。你不需要成为别人眼中完美的人，只需要成为自己心中的英雄。如果你觉得这条路太过压抑、孤独，也不必怀疑自己，因为这是人生路上的必经阶段。学会接纳自己的情感，理解它们的存在，是我们变得更加坚强和成熟的标志。

当那些糟糕的负面想法再次袭来时，你可以试着改变自己的思维方式，努力将其转变为更积极的思维。当你感觉别人不喜欢你时，很可能是因为你误解了他们的态度，或者他们可能并不了解你。例如，你说"别人都不喜欢我"，这里的"别人"是指哪些人呢？我还注意到你用了"都"字，这种说法可有些严重了，因为这个"都"一定也把我包含进去了。对此，我第一个表示反对。因为一个如此在意别人，拥有如此有趣真实的灵魂，让我十分好奇、想要靠近的人，我怎么会说不喜欢呢？请不要臆想我对你的看法，我不同意。我想，你一定还发现，周围很多人都跟我有一样的想法。

如果真的有一个人明确地告诉你他不喜欢你，你也要尝试跟自己说"没关系"。因为他不喜欢你，未必是你的问题，有的人连自己都不喜欢。

最后，我想告诉你，就算全世界的人真的都不喜欢你，你也要站在全世界人的对立面来喜欢自己。在这个世界上，只要你好好爱自己，好好欣赏自己，你就可以是全世界。推荐给你一个小练习，叫镜子练习。你可以做自己的镜子，每天对着镜子说三遍："我好棒，我好爱我自己，我也爱这个世界。"你也可以变着花样喜欢自己。

5. 同学很优秀，我既羡慕又嫉妒

我的同桌品学兼优、性格开朗、外貌出众，同学和老师都喜欢她。

我总是忍不住和她比较，心里充满了羡慕和嫉妒。

为什么我不能像她那样？是不是我哪里做得不够好？

我忍不住想：要是她哪次考试考砸了就好了。

学姐说

听说你最近有些羡慕和嫉妒的小情绪在作祟？别担心，这很正常，看到别人的优点和成功，谁都可能会有点"心痒难耐"。但关键在于，你得学会把这些情绪变成让自己更强大的动力，而不是让自己陷入"羡慕嫉妒恨"的泥淖。

首先，学会欣赏他人的优点，别把它们当成威胁。想想看，每个人都有自己独特的闪光点，就像夜空中的星星，各有各的光芒。也许你觉得别人在某些方面比你强，但别忘了，你也有自己的亮点，别人也可能在默默羡慕你。就像你有一双发现美的眼睛，能看到别人的优秀，这也是你的独特之处。其次，不要与他人比较。每个人都有自己的成长轨迹和节奏，就像树木一样：有些叶子大，有些叶子小；有些长得高，有些长得矮；有些生长快，有些生长慢。我们每个人都有自己的成长道路，我们不需要成为别人，只需要成为自己真正想成为的人。

就让羡慕和嫉妒的情绪像一阵风吹过吧。别让它们占据你的内心太久，要学会从中汲取力量，激励自己成长。如果羡慕同学品学兼优，你可以多向他请教学习方法；如果觉得同学性格开朗，你也可以更主动地去和他交流。相信你一定能够找到属于自己的光芒。加油！

心理老师说

你知道吗，敢于把自己的羡慕与嫉妒表达出来的人，有一种可贵的品质，叫坦诚和勇敢。敢于直面自己的内心是英雄的行为。所以，不要害怕自己会羡慕和嫉妒。那些明明嫉妒却假装不在意，或者不敢表达、偷偷难受的人才需要害怕。我羡慕你，也欣赏你，能够坦然地展示自己心底的秘密。

如果这种嫉妒让你无法保持内心的平静，总处在一种焦虑、自我否定的情绪中，那么你可以试着找出嫉妒的根源。是因为别人的成绩、外貌，还是因为其他方面的优势？然后，思考一下这种嫉妒是否能够变成你成长的助力，激励你变得更好。我想，让你感到痛苦的，不仅仅是羡慕和嫉妒本身，还有不允许自己表达这些感受的想法。内心的本能与理智在不断斗争，互不相让。因为从小到大，太多人教导我们，要向优秀者学习，要大度，要善良。可是，看到别人取得好成绩而自己没有，这种失落和难受就是真实存在的。千万不要因为人类进化出了理智脑而忽视了本能脑的存在。

有一种说法是，不舒服的痛的感觉，加上抗拒的心理，就会变成痛苦。所以，我不会一味地引导你停止比较、停止嫉妒，我支持你勇敢地面对自己的真实感受：像拥抱一只受伤的小猫一样，去欢迎它，去正视它，去看见自己的真实想法。它们只是想法，不是事实。别人不会因为你的嫉妒而受伤，而你会因为对自己的觉察而生出智慧。你会发现，当你理解了自己，你就会活出一个更真实的自己。

6. 老师让我去竞选学习委员，我不敢

我不太善于表述自己。在公众场合发言，我总是感到紧张和害怕。

我知道这是一个很好的机会，可以锻炼自己。

可我担心自己会因为紧张得说不出话来而被大家嘲笑。

我的想法很矛盾，一方面想要抓住这个机会，另一方面又害怕失败和被人嘲笑。

学姐说

　　看来你遇到了一个让你既兴奋又紧张的挑战啊！我想你的心情一定像坐过山车一样忽上忽下。我能理解你的感受。要当众发言，紧张、害怕都是正常的反应，毕竟我们要把自己的想法和观点说给一群人听，这确实需要勇气和自信。

　　不过，你要知道，老师让你去竞选学习委员，说明老师看到了你的潜力，相信你有能力胜任这个职位。这是一个难得的好机会！这不仅能让你锻炼自己的表达能力，还能让你在同学们面前展示你的才华和领导力。成功当选学习委员后，你也将有机会为班级做出更多贡献。

　　当然，你担心自己会因为紧张得说不出话来而被大家嘲笑，这也是人之常情。但是，我得告诉你，失败并不可怕，可怕的是连尝试都不敢就认输。想想看，如果放弃这次机会，当回忆起这件事时，你是会遗憾于自己的胆怯，还是会庆幸自己没有去争取？人生其实就是不断尝试的过程，哪怕出错也是一种经验。所以抓住这个机会，勇敢地迈出那一步吧！就算紧张得腿软，也要站上演讲台！记住，我会一直为你加油打气的！

关于公开演讲，我可以分享给你两个秘诀。

一是预设结果。有时候我们紧张是因为太关注结果。你可以问自己：如果我去参加竞选，最坏的结果可能是什么？这个结果我能承受吗？这样你就会发现，即便出现最坏的结果也没什么大不了。然后，你可以想想最好的结果可能是什么。这种设想会给自己勇气和鼓励。

二是充分准备。预先设计你演讲时的动作、表情，反复练习，直到形成肌肉记忆，并熟记演讲稿。在这个过程中，你可以对着朋友、父母练习，根据他们的反馈不断优化内容。如果你比较害羞，也可以对着镜子去优化自己的姿态，通过录音去看看自己有没有口头禅需要纠正。你知道吗，所有那些看起来轻松自如的表达，背后都是个人付出了很多努力和做了很多准备的。上台前，如果你感觉紧张也是非常正常的。做几组深呼吸，不要着急，放慢语速，平稳地说出自己的想法。加油，我相信你一定能行！

心理老师说

老师希望你竞选学习委员，可是你很紧张、很害怕，各种担心的感受和想法都冒出来了。好真实形象的描述！我仿佛看到了当初的自己。就算是现在，一旦要去尝试新鲜的事情，经历新过程，我也会感到紧张和担心。遇到重要的事，有紧张感并害怕失败，这是非常正常的反应。

我还记得有一次，我受邀在千人礼堂上演讲时，我也在紧张，但我能和自己的紧张对话："嗨，你又来陪我啦，别让我忘词哦。"紧张时常伴随着人类的进阶，只是它可以转换成不同的形式，或陪伴，或促进，或阻碍。如果一个人说自己从来都不会紧张，那他一定不是人类，而是人工智能。人工智能不仅不会紧张，它连感受都没有。

不要害怕你的害怕。如我前面所说，当不舒服的感受到来，我们先欢迎它们。让自己平静下来的最好方法不是抗拒，不是逃避，不是转移注意力，而是顺其自然地等待。就像静置能让一杯浑浊的水变清澈一样，静置也能帮助我们变得冷静。不要责备自己或觉得羞耻，接受自己的情感是克服它们的第一步。

如果实在无法平静，你也可以带着害怕去尝试。我们无法决定下不下雨，但是可以决定下雨后打什么颜色的雨伞，或者宅在家不出门。

不管竞选成功与否，这都是一次了不起的尝试。你应该把这次竞选当成一个让自己成长的机会，而非让别人去审视自己的平台。你的选择更多应受到自己的想法、期待、目标的影响，不必过于在意别人的眼光。别人的嘲笑也好，掌声也罢，都不应该左右你的心态和计划。

7. 我控制不住自己，一生气就大喊大叫

我一生气就会大喊大叫，虽然明白这样发脾气不好，但我总是控制不住。

每次因为一些微不足道的事对家人或朋友发脾气后，我都会感到后悔和愧疚。

我觉得自己的脾气就像火药桶一样，随时都可能爆发。

我怎么才能不做一个"易燃易爆"的"火药桶"呢？

学姐说

听说你一生气就会大喊大叫？你是不是感觉自己特别像一只被惹火了的狮子，用吼叫的方式在宣泄愤怒？别担心，我们都有过这样的时刻，脾气来了，内心就像有一只按捺不住的猛兽，随时想要跳出来搞破坏。这时候，我们要注意发泄情绪的方法，不然会伤害到身边亲近的人。

但是要记住，也不要一直"忍"，因为一味忍耐是没办法排解情绪的，最后忍无可忍，情绪爆发的威力可能更大。就像给气球打气，一直往里打气而不排气，最后气球肯定会爆掉。

那怎么"排气"呢？怎么让已经被点燃的火药桶不要爆炸呢？

在大喊大叫之前，你可以先问问自己："为什么我会这么生气？"先找到引发情绪的根源，才能开始解决问题。再问问自己："这件事情到底会带来什么后果？"有时候我们生气是因为在脑海中夸大了事情的后果，真实的情况其实并没有想象中的那么糟。然后问自己："除了大喊大叫之外，我还可以怎么做？"

当你这样问自己后，你可能会发现，原来不需要喊叫，通过正常表达你也可以排解自己的情绪，解决问题。最后再来问问自己："如果我发脾气了，我会后悔吗？"问自己这些问题的过程，就是一个让自己的情绪逐渐冷却熄火的过程，你积压的怒气慢慢也就排解了。

如果你现在无法做到在发火之前一步步询问自己也没关系，这需要一个练习的过程，别忘了给自己多一点宽容和理解。正确地处理情绪不是一蹴而就的，需要时间和耐心。相信自己，你一定能变得越来越淡定，不再让脾气牵着鼻子走！

心理老师说

"发怒"在心理学中是一个多维度的现象，涉及生物学、心理学和社会文化等多个层面。从生物学层面上讲，每个人的脾气和性格特征都受到遗传因素的影响，不同的人可能有不同的情绪倾向。例如，刚出生的婴儿有的性格比较平和，有的则比较容易发怒，这种差异在很大程度上是由基因决定的。然而，心理学和社会文化因素同样起着重要作用，它们可以影响一个人的情绪表达和调节方式。

从心理学层面上讲，挫折－侵犯理论是解释愤怒的一个常见的理论模型。这个理论认为，当期望受阻时，人们可能会表现出攻击性。这种挫折可以来自各种情境，如未能实现目标、未能达成约会、食物不符合期望，甚至是天气炎热或是刚洗完澡后就出汗等小事。此外，有些人认为愤怒本身是一种负面情绪的宣泄方式，通过宣泄，人们可以释放压力，从而达到心理上的健康和平衡。

从社会文化层面上讲，人们的行为与情绪表达往往受到周围环境和观察对象的影响。人们通过观察他人，包括生活中的榜样或媒体上的角色，来学习和模仿行为模式。这种社会学习过程可能导致人们在面对相似的情境时表现出类似的愤怒反应。

进入青春期后，我们的身体，特别是大脑经历着翻天覆地的变化。尤其是大脑中负责识别和调节情绪的杏仁核，它的发育速度远远超过了负责理性思维的前额皮质。这就解释了为什么我们有时会在冲动之后感到内疚，那是因为我们的理智终于赶上了情绪的步伐。面对这些生理和心理上的变化，我们感到迷茫和无助是很正常的。随着时间的推移，你的前额皮质会逐渐成熟，你也会变得更加理智和冷静。

当然，这不代表我们要放纵情绪。每次发脾气后，你可以先浅浅地"原谅"一下自己，想想这次情绪爆发是否是上述原因造成的。我们不仅是在寻找原因，更是在寻求改变。作为具有高级认知能力的生物，我们有能力引导自己的态度和行为。例如，你可以设定一个小目标和对应的奖励：如果今天我能保持冷静，就奖励自己一杯喜欢的咖啡。这样的微小调整能够帮助你慢慢学会控制情绪。

或许，你担心发脾气后他人的反应，以及事后无法修复你们之间的关系。请相信，真诚地道歉和勇敢地承认错误是修复关系的重要一步。一张小纸条、一个小礼物，都是重建连接的桥梁。真正牢固的关系是能够经受住考验的。

所以，不要害怕那些"易燃易爆"的情绪。我们可以选择如何结束这场脾气风暴，重新夺回情绪的掌控权。记住，每一次努力都是向成熟和自我控制迈进的一步。

8. 我很容易哭，遇见一点小事，眼泪就出来了

无论是老师的一句责备，还是爸妈的轻声提醒，甚至是同学的玩笑，都可能让我眼泪汪汪。

我好像太过敏感，一点小事就能触动我的心弦。

爸妈担心我心理承受能力差，我也不想让自己总是这样脆弱。

怎样做才能让自己变得更坚强一些呢？

学姐说

听说你是个"泪腺发达"的小伙伴？别担心，这并不代表你脆弱或敏感，反而说明你是个情感丰富的人！眼泪是你的情感调色板，让你能更生动地表达内心的喜怒哀乐。真实的情绪表达是没有对错的！

你知道吗，有时候哭泣也有一种独特的魅力。眼泪就像一颗颗璀璨的珍珠，尽管它们是在痛苦和悲伤中磨砺出来的，却也闪耀着真诚和坚韧的光芒。所以，当你感到难过或委屈时，别硬撑着，允许自己哭泣。你的眼泪是世界上最纯净的情感流露，它们是真实而宝贵的。

当然，我们不能总靠眼泪来解决问题，试着培养一些情绪管理的技巧吧！比如，当感到情绪激动时，你可以深呼吸几下，想象自己的负面情绪被吸进了一个大气球里，然后把这个气球放飞到空中。这样，你就能把负面情绪抛到九霄云外啦！

还有，别忘了你的身边有关心你的父母和伙伴。找一个你信任的、不会批判你的人倾诉心中的苦恼，他会理解你的感受，给予你支持和鼓励。你会发现，有时候与人分享比独自哭泣更能让你的情绪得到宣泄和舒缓。

其实，坚强的人并不是从来不掉眼泪的人，而是在擦干眼泪后，鼓起勇气直面自己的问题、积极思考解决办法的人。

记住，你的眼泪是珍珠，你的笑容是阳光。当你能感受到家人和朋友对你的爱，当你对自己和未来充满希望时，你的内心就已经无比坚强。

心理老师说

你说你会因为一点小事就哭，但实际上，能够触动我们心灵的事情，从来不是小事。因此，或许你并不是因为"一点小事"而哭，只是不理解你的人把它定义为了小事。

在这个世界上，语言不是万能的，所以表达的方式就有了千千万万种，比如，眼泪就是一种表达。你流下的眼泪，也许是难以描述的情绪，也许是来不及说出口的语言，也许是缓缓流淌的文字。不要怀疑自己，你只是在无数种表达中选择了适合自己的方式，而恰好别人没有找到解锁的密码。懂你的人自然会理解你。

如果你发现自己陷入了情绪的旋涡，不妨试试深呼吸。深呼吸不仅能帮助你冷静下来，还能减轻紧张和焦虑。此外，泡温水澡、冥想或做一些身体放松操，也是缓解压力的好方法。记住，接受自己的情感是非常重要的。哭泣是情感的自然表达，它并不代表你的脆弱或无能，而是你情感丰富和真实的证明。

身处青春期，理解和管理情绪是一项重要的技能。首先，试着去认识和了解自己的情绪，包括它们的来源和触发因素。这种自我认知能帮助你更好地控制情绪，而不是等到情绪爆发后才去应对。从发展心理学的角度来讲，你正处于边缘系统（情绪脑）高度发达、前额叶没有发育完善的特殊时期。这个阶段的你情绪充沛、容易激惹，但是没有足够的"刹车"能力去控制冲动。但这种情况只是暂时的，待成人初期前额叶发育完善就会有好转。当下，你可以专注于培养情绪管理能力，提高控制冲动、沟通和解决冲突的能力。你可以尝试找到适合你的情感出口，通过写日记、绘画、听音乐、运动或与朋友交流等方式表达情感，释放压力和情绪。

"敏感"其实是一种美丽的特质。它意味着你的感官非常敏锐，能够捕捉到更多的信息。敏感的人更容易与周围的生命产生连接，因为他们的感官是敞开的，就像拥有八车道的信息获取渠道，而其他人可能只有单行道。

因此，有时候眼泪是在表达你对别人的情绪支持。它能让你更加深刻地体验生活，更加富有同情心和理解力。所以，拥抱你的敏感，让它成为你独特的力量吧！

9. 明知要专心学习，
但我还是忍不住玩游戏、刷视频

爸妈总说我没有自制力，明知应该专心学习，却总是忍不住玩游戏、刷视频。

我知道这样做会耽误学习，但每次拿起手机，我的注意力就仿佛被吸进去了，我完全控制不住自己。

我真的很想改掉这个坏习惯，但每次都以失败告终。

我觉得自己好没用，连这点自制力都没有。

学姐说

自制力真的很重要，它就像你内心的超级英雄，帮你抵挡诱惑，战胜分心！但自制力不是与生俱来的，我们每个人都可以通过努力来培养它。

做一件事之前，你可以先问问自己："我想不想做这件事？我喜不喜欢做这件事？"因为如果你不喜欢、不情愿，那么在这件事上，你就不可能形成自制力。所以，你要想想学习对你来说到底意味着什么。掌握新的知识、解出一道难题，是否能够带给你成就感和愉悦感？不要把学习当成一个你"必须完成的任务"，而是把它当作满足好奇心和让自己变得越来越厉害的方式。当你想去做，你才能真正行动起来，否则即使不玩游戏，你也会有一万个拖延的理由。

我推荐你为每天的学习、娱乐和生活做一份导航图，也就是设定一个明确的目标和执行计划，就像我们出门，有目的地才会知道如何走。在执行的过程中，你可以试试使用番茄工作法，集中注意力学习25分钟，然后休息5分钟，劳逸结合。一定要记住，在学习开始的时候就把手机放到视线以外的地方，这样它就无法诱惑你了！

当注意力无法集中时，你可以用其他活动来替代学习，比如：读一本好书，让你的思绪飞扬；做一次运动，让汗水冲刷掉杂念；和朋友们聊聊天，分享彼此的喜怒哀乐。

所有的超级英雄都需要时间和努力来锻炼能力，自制力也需要你持之以恒地培养。相信自己，你一定能够战胜这个挑战，变得更加自律和专注。加油！成为自己生活中的超级英雄！

心理老师说

心理学中有一个有趣的观点："应用自制力可能会导致自制力暂时消耗。"这种现象被称为"自我损耗"。这句话听起来像一句绕口令，但它揭示了一个简单而深刻的真理：自制力是一种需要能量来产生、控制和维持的资源。在使用自制力的过程中，我们可能会经历消耗、波动，甚至是停滞期。理解这一点，我们就会明白，每个人都会有难以自制的时刻。

同时，我们还需要科学地理解诱惑与奖励。在行为疗法中，奖励和惩罚是行为矫正的关键因素。人们倾向于持续进行会带来快乐的活动，并排斥消耗能量的行为，同时寻求即时的满足和快乐。例如，游戏和视频能迅速带来快乐，而学习则需要更长时间才能看到成果，这种差异导致了诱惑的产生。了解这一点后，我们可以采取相应的策略来对抗诱惑。设定明确的学习目标和相应的奖励是一个好方法。比如，每天完成规定的学习任务后，可以奖励自己玩一段时间的游戏或看一会视频。为了减少诱惑，可以创造一个有利于学习的环境，比如将手机放在远离学习区域的地方，或使用应用程序来限制玩游戏和使用视频软件的时间。此外，养成一些简单的习惯，如每天在固定的时间学习、定期休息和运动，也能增强自制力。

这个过程可能不会一帆风顺，可能会有曲折，但请相信，你会在曲折中不断前进。我们应培养一种"接受失败但不放弃"的态度，不畏结果，坚定前行。

最后，我想悄悄告诉你，你迫切想要改变自己时，往往也是对自己最严苛、施加压力最大、惩罚最重的时候。因为你只想逃离此刻的自己，而不感激或喜欢此刻的自己。只有当你感受到被尊重和被爱时，你才会开始改变；只有当你感受到即使不改变也足够好时，真正的改变才会发生。

10. 和同学玩游戏，我总是太在意输赢

每次和同学们玩游戏，只要输了，我的心里就会非常难受，甚至有时候会忍不住发脾气。

同学总说我"输不起"，都不喜欢跟我玩了。

我也怀疑自己是不是太小气了，为什么这么在意输赢？

我希望能够改变这种心态，让自己更加从容地面对输赢。

学姐说

亲爱的，听说你对失败有所畏惧？这并不是什么大问题，也不是你一个人独有的心理。害怕失败是人类的普遍心理反应，它并不意味着你小气或过于敏感。这种心理的产生可能源于你对自己的高期望和对成功的强烈渴望；可能是因为你所处的环境对你要求过高，给你留下的容错空间太小；又或者是由于你曾经遭遇的失败经历给你留下了深刻的印象，让你难以坦然面对输赢。

首先，我们需要接纳自己的这种心理，接受失败带来的感受，放下对失败的恐惧。记住，一次失败并不会让天塌下来，你也不会因此一蹶不振。失败是成长的一部分，是我们学习和进步的机会。每一次失败，都是向成功迈进的一步。

我们都知道，没有人能够永远赢。输赢并不是最重要的，最重要的是我们从中学到了什么。如果你能在失败后像侦探一样仔细分析原因，从中吸取教训，那么下次面对挑战时，你将会更加聪明和机智。当你把注意力集中在学习经验的积累上时，你会发现失败不再让你感到难过和沮丧。

调整心态同样关键。你可以尝试给自己戴上"心理护目镜"，经常进行积极的心理暗示，比如"胜败乃兵家常事"或"失败是成功之母"。这样的心态调整能帮助你更加从容地看待输赢。

与同学们保持良好的沟通和互动也很重要。有时候，一起玩耍的过程比输赢的结果更有意义。成长就像一场马拉松，需要时间和努力。我们一起加油吧！在这个过程中，每一次尝试、每一次失败、每一次学习，都是我们成长的宝贵财富。让我们勇敢地面对挑战，不断地前进，成为更好的自己。

心理老师说

输了后心里觉得难受，就像大自然的四季更迭和天气的阴晴变化一样，是再自然不过的事情。那些声称输了也要乐观的人，也许在无人的角落里也曾偷偷抹泪。输赢带来的感受自然是不同的，如果不在意输，那么赢也就失去了意义。每个人都渴望胜利，这就是比赛的魅力所在，也是游戏变得有趣的原因。没有人是为了输而去参与游戏的。输了，就允许自己感到难受；赢了，就尽情开怀大笑。有时候，让你难受的不仅仅是输了这个事实，还有你不允许自己输的心理。此外周围人的评价和态度可能会加重你的挫败感与羞耻感，这是一种令你不舒服的感受。因此，你可能会试图摆脱这种难受——可能会通过发脾气或哭泣的方式。实际上，真正让你痛苦的是想要逃避这种感受，不允许自己感到难受。

输和赢一样值得欣赏。输家面对的是赢家无法体会的压力，但他们依然坚持下来，并勇敢地面对了。输了感到难受，并不是因为小气，而是因为你在意，因为你付出了真心。有人说你"输不起"，其实他们可能处于一种情感隔离的状态，无法理解输家的心态。他们忘记了曾经输的感受，只有当他们自己体会到输的滋味时，才不会轻易认为别人"输不起"。

顺应自己的感受，想哭的时候就哭，想笑的时候就笑，真实地表达自己，这其实也是一种勇敢。坦然接受自己的情绪，无论是喜悦还是悲伤，它们都是成长的一部分。让我们勇敢地面对每一次挑战，无论是输还是赢，我们都能从中学习和成长。

11. 还没开始做事情，
我就会想一堆不好的结果

搞砸

不成功

失败

不好

还没开始做事情，我就会想象各种糟糕的结果。

这种悲观的思维方式让我很累，也让我变得胆小，因此我错过了很多美好的可能。

我尝试告诉自己事情不会那么糟，但总是难以摆脱那种消极的想法。

我渴望能够变得更加乐观，看到生活中更多的阳光。

学姐说

　　听说你最近有点悲观？别担心，悲观就像一片突如其来的乌云，但它绝对不会永远停在那里。你可以选择驱散它，让阳光重新洒满你的心田！

　　首先，试着给自己的思维做做瑜伽，让它"翻个身"，从悲观的一面转向积极的一面。每次遇到事情时，让自己像个寻宝者一样，从中挖掘那些闪闪发光的积极因素。当然，这需要时间和练习，但就像练习瑜伽一样，你会发现自己越来越擅长这种"思维翻转"的技巧。那么，具体要怎么做呢？比如，今天的课堂测验你做错了好几道题，按平时的想法你可能觉得自己太笨了，所以非常沮丧自责，但"翻转"一下，你可以试试这样想：虽然今天课堂测验做错了好几道题，但我知道了自己哪些知识点没有掌握好，可以去请教老师及时解决。这样一想，你还会沮丧吗？是不是有种充满战斗力的感觉？每当出现悲观想法时，你应该及时给自己喊个停，然后将思维"翻转"，把注意力放在你可以改变的事情上，切实地做出转变。

其次，别对自己太苛刻，不要让自己成为完美主义者。有些人的悲观来自对自我的完美幻想，因为无法实现完美，无法做好手边的每一件事，所以自怨自艾。试试做个不完美主义者吧！期待美好但不追求完美，保持乐观也接受缺憾。人生就像一场冒险之旅，怎么可能总是风平浪静呢？当遇到困难时，我们要像个勇敢的航海家一样，去经历风雨，去乘风破浪，坚信自己有足够的能力应对和克服困难。即便有时候结果不尽如人意，但这也不代表我们的人生就是失败的。

记住，你有权利，也有能力选择自己的思维方式。就像阳光总会驱散乌云一样，你的内心也一定能够获得更多积极乐观的能量。

心理老师说

认知行为疗法的创始人之一阿伦·贝克提出了一个重要概念——灾难化思维。贝克认为，人们的情绪与行为受到他们对事件的认知和解释的影响。换句话说，真正让人难过的并不是事件本身，而是我们对事件的认知方式。例如，灾难化思维就是一种消极的、扭曲的思维模式，它会对我们的情绪产生负面影响。灾难化思维倾向于过度夸大问题，甚至将问题看作灾难。这种思维模式会加剧焦虑和恐惧，影响我们对生活的态度和生活质量，给我们带来沉重的负能量。为了摆脱这种阴霾，我们需要积极改变思维模式，尝试将注意力从消极的方面转移到积极的方面。每当你发现自己产生消极想法时，停下来问问自己："这种想法真的有根据吗？有没有可能产生更好的结果？"如果你无法回答这些问题，那就试着寻找证据来支持或反驳自己的想法，不要凭空臆测。你可以问问白己："有没有证据表明事情会变得更好？有没有过去的经验证明我总是想得太糟糕了？"当你意识到自己的灾难化思维时，提醒自己思考事物的积极面，并通过日常习惯来巩固这种思维模式。

　　最后，我想说，积极和消极本就是一件事情的两面，就如同一根绳子的两端。我相信你在政治课上一定学过矛盾的对立统一性的观点。消极的想法会帮助我们提高警惕、规避危险，让我们得以未雨绸缪；积极的想法可以让我们更乐观、有信心地行动。我们不能一味消极，因为消极会桎梏我们的想法和行为，但也不能盲目积极，对所有事情放松警惕。我们不需要因为太向往阳光就在阴雨天里哭泣烦恼。所以，记得在奔向积极乐观时，先认可、感谢自己曾经谨慎的悲观，因为它曾经保护过我们。

12. 我平时总听别人的，自己拿不定主意

我总是习惯听从他人的意见，无论是父母的、朋友的还是老师的。

当需要自己做决定时，我就会感到茫然和不知所措。

我渴望能有主见，做到独立思考和决策。

我不想再被别人的意见左右，我想发出属于自己的声音。

学姐说

　　每个人的大脑中都有一个独特的"思考工厂"，需要我们花时间和用实践去好好运营它。

　　首先，别急着把"思考工厂"的控制台交给别人操作。遇到问题，先自己思考一下，看看你能"生产"出什么样的独特观点。哪怕你的"产品"和别人的不一样，也别害怕展示给大家看。说不定，你的"独特品牌"还能引领潮流呢！要知道，没有谁永远都说得对，不管是父母还是老师，别人的意见仅可以作为你的参考，最终还是需要由你来做决定。

　　再来说说自信。你得相信自己的"思考工厂"能生产出高品质的"产品"。当你对自己的"思考工厂"充满信心时，你就会勇敢地推销自己的"产品"，哪怕面对的是一名挑剔的"客户"。

　　如果你觉得运营"思考工厂"有点吃力，不妨使用专业方法，让你的"思考工厂"更加高效。比如，当遇到一个问题时，尝试用"独立思辨四步法"来帮助你练习思考。第一步，列出相互独立的所有事实；第二步，找出这些事实之间的联系，分辨哪些事实是互相关联和支持的，哪些是互相矛盾的；第三步，根据这些事实确定自己的想法，并将这些想法整理联系起来；第四步，验证自己的想法是否正确有效，并不断改进。

最重要的是，记住，你有权决定自己的方向，别让他人的意见成为你前进的绊脚石。你的"思考工厂"会为你"生产"出属于你自己的精彩人生。加油，未来的"思考大师"！

心理老师说

小时候的你，听话乖巧，在别人的经验指导下成长，包括父母、老师和成长路上遇到的各种前辈。这样，你确实少走了很多弯路，降低了犯错的风险。这是听从别人建议的好处。这就好比你搭乘了别人的顺风车。然而，总有一天，你会到达自己的站点，需要下车独自前行。突然间的迷茫是完全正常的反应。这时，你可以选择先停下来，欣赏一下路边的风景，调整一下心情。你也可以寻找榜样，比如观察他人的做法，思考自己应该怎么办。每一次思考都会为你带来新的发现。我们并非不知道如何决策，只是我们需要时间来适应和思考。花些时间独处，思考自己的喜好、价值观和目标，了解自己是谁、想要什么，可以帮助你更清晰地表达自己的想法和观点。从小事做起，逐渐培养自己做决定的能力。比如，在家里或学校里做些小的决策，慢慢地提升自信心。当你有机会表达自己的想法和意见时，不要害怕说出来。即使别人可能有不同的看法，你也要勇敢地分享自己的想法，因为每个人都有表达的权利。

值得一提的是，即使你未来拥有了超强领导力，心里也要有别人。因为一个团队里不能人人都当领导，比起表达自己，听取别人的建议是一种更可贵的品质。

你说你想成为一个有主见的人，我认为你此刻就已经是了。因为你清楚地知道自己想要成为什么样的人，这是一个非常明确的目标。此外，倾听他人意见不会磨灭你独立思考的能力，要知道，兼听则明，有效听取他人意见会帮助你成长。

13. 上课回答问题时答错了，我感觉好丢脸

学姐说

　　答错问题并不丢人。记得在一次数学课上，我被老师叫到黑板前做题，我没有任何思路，尴尬地在全班同学面前站了好几分钟。但这就是学习的过程，我们每个人都是在不断尝试和"摔跤"中变得越来越强大。下次在课堂上被要求回答问题时，你可以告诉自己："我可以的，这是锻炼我思考能力的机会！"如果你不确定答案是什么，可以坦诚地告诉老师："老师，这个问题的答案我不太确定，但我愿意尝试回答。我的想法是……如果有错误，请您指正。"这种坦诚和谦逊的态度会让你赢得老师与同学们的尊重。

　　有时候，这些尴尬的瞬间反而能激发我们的动力。逃避的想法就像"隐身斗篷"，而正面迎战的方式是课后找老师或同学们讨论问题，直到找到正确答案。这样不仅弥补了课堂上的小遗憾，还锻炼了自己的学习能力和解决问题的能力。下次再遇到类似问题，你绝对会印象深刻！

　　别让那些小小的尴尬和"丢脸"时刻影响你。每一次的失败，都是通往成功的跳板，让你跳得更高、更远！加油！

心理老师说

我非常理解你的感受。作为学生，学校是你最熟悉的天地，回答问题是非常日常的挑战。突然被老师点名，还答错了题，确实尴尬。周围同学的窃窃私语、异样的眼神可能会让你更难受。但我要告诉你：“这是正常的。”也许 10 年过去后，你只会觉得那段时光非常可爱，无论是否答对题目。

让我先讲一个故事吧。

一个年轻人，千里迢迢来见智慧大师，他说：“大师，我太痛苦了，我尝尽了人间的辛酸苦辣，为什么找不到心中的阳光？”智慧大师问：“那么，你心中到底装的是什么呢？”这个年轻人说：“大师，我心中装的是每天跌倒时的痛苦，是每一次受伤之后的哭泣，是每一次孤独时的烦恼，靠着它们我才能走到你这里。”

于是智慧大师说：“好，年轻人，我们坐船去渡河，我带你找一找答案。"大师带着这个年轻人渡过河后，对年轻人说："小伙子，请你把船扛着跟我赶路吧。"这个年轻人很惊讶地说："船那么沉，我扛得动吗？"智慧大师说："是啊，孩子，你抗不动它。你要知道，这个船过河的时候是有用的，但过了河，我们要放下船赶路，否则它会变成我们的包袱。"

同学，你放下了吗？

在这里，我也提供一些处理这种尴尬的具体方法，供你参考。

首先，接受自己的情感。要接受自己感受到的尴尬和羞耻，这是一种正常的情感反应，这说明你足够专注、投入。不要责备自己或者觉得羞愧，接受自己的情感是克服它们的第一步。冷静下来后，注意不要陷入之前提到的灾难化思维，千万不要小题大做。当你感觉尴尬时，尝试深呼吸并冷静下来，告诉自己这只是一次小小的失误，它不会影响到你的生活。

其次，积极面对挑战，无论结果如何。你可以通过自嘲去化解可能的尴尬。尽管答错问题会让人感到无所适从，但这也是一个学习和成长的机会。我们应接受失败，并从中学习，下次争取做好。你哈哈一笑这件事也许就过去了，别人的嘲笑也许也只是哈哈一笑，这样说不定大家还觉得你很幽默呢。

最后要记得，不要因为一次失误而丧失自信。记住你的价值不取决于你在课堂上的表现，而取决于你的个性、品质和努力。

14. 一到快考试时就紧张得睡不着觉

学姐说

考前睡不着，还是因为你太紧张了……记得有一次很重要的考试前，我也非常紧张，在床上像摊煎饼似的往左翻一下往右翻一下，怎么样都觉得不舒服，总觉得哪里不对劲，胃里翻江倒海，像坠了东西一样难受……我心里清楚地知道考试前应该早点休息，保证考试时精力充沛，但就是睡不着！我尝试了各种帮助入睡的方法，如腹式呼吸、冥想、保持科学的睡姿等，甚至使用了睡眠精油。但这些招数统统无效。唉，压力太大了！后来，我干脆爬起来去找妈妈聊天，只聊了几句，我就睡着了。

我记得当时妈妈说的第一句话是："考前睡不着很正常，我小时候也这样。"放下焦虑和担心，不要把"睡不着"太当回事；要知道，面临重要的事情，我们感到紧张是正常的。

妈妈说的第二句话是："假如这次考试没考好，你觉得最坏的结果是什么？"我想了想，好像天也不会塌下来，最坏的结果也不是多可怕。

妈妈说的第三句话是："一次睡眠不足不会有多大的影响，

偶尔熬个通宵，大脑也不会宕机。"确实，脑海里的知识也不会因为一次睡不好就会全跑掉。

所以，在你下次因为考试紧张而睡不着的时候，试着跟自己说这三句话，希望也能对你有所帮助。

心理老师说

我们的身心其实是一体的，身体和心理互相影响。很多时候，人们容易受到所谓的"自我预言"的影响，即一个人的信念或期望会影响其行为和态度，进而影响事件的结果。积极的想法可以引导我们走向正面的结果，而消极的念头可能会导致负面的结果。我们应该积极地进行自我调整，让自我预言进入正向循环。

其实，每个人在某些"重要时刻"都会感到紧张，所以请不要过分紧张你的"紧张"。紧张并不是来阻碍你的，而是来帮助你的。紧张会加速心跳，帮助你集中注意力，调动更多的血液到四肢，所有这些身体变化都在为接下来的行动做准备。

"紧张是好的，紧张是有帮助的。"当我这样说的时候，你对紧张的感觉是否有所改变？这是在进行积极的自我暗示。积极的自我暗示可以帮助我们放松肌肉。如果你因为紧张而失眠，也不必担心，这只是交感神经系统的短暂性活跃，你要学会和它共存，欣然接受微小的紧张。

除了自我暗示，还有其他方法可以帮助我们恢复平静。当你感受到负面情绪时，可以尝试以下方法：将意识集中到你的呼吸，集中到你的身体。我发现自己紧张的时候，我会找个地方站着或坐着，闭上眼睛，关注自己的呼吸，深深地吸气，缓缓地呼气，鼻吸口呼，在一呼一吸之间，感受双脚与大地的连接。脊柱保持正直，这样可以帮助我们更顺畅地呼吸。像闻一朵花一样吸气，像吹蒲公英一样呼气。专注身体，专注呼吸，我们就会重新变得理智。

回到理智状态后，回忆自己曾经最自豪的一次经历，比如一次成功的投篮，或者在舞台上一次优雅的舞蹈，找到那个充满能量的状态。我们的潜意识会帮助我们达到曾经达到的高度，然后将这种能量爆棚的状态迁移到第二天要面对的大事上。

我们的状态有多好，现实就会有多好。

15. 放弃爱好但依然成绩平平，我感觉未来一片灰暗

每天都在完成各种作业，努力学习却感觉一无所获。

没时间追求自己的兴趣爱好，成绩也不见起色，我觉得自己被困在了一个无尽的循环中。

为了学习，我不得不放弃了自己曾经热爱的绘画和游泳。

我的生活似乎变得一团糟，我感觉未来笼罩在茫茫迷雾中，看不见也摸不着。

学姐说

　　为了好好学习，连自己的兴趣爱好都放弃了，你一定觉得非常遗憾吧？我们需要学习，但我们的人生不应该只有学习。我想和你分享一句话："感受好才能做得更好。"所以，不要轻易放弃那些可以让你有美好感受的事情，在兴趣爱好和学习之间，你得找到那个平衡点，就像在大海上航行一样，既要稳定前行，又要享受风和浪的美妙。

　　我不太喜欢"学海无涯苦作舟"这句话，别做学习中的苦行僧，快乐地学习才能更快乐地成长。

　　你可以给自己准备一个"成就感收集瓶"。无论是兴趣爱好，还是学习，都需要我们积累成就感。但成就感不仅仅是通过了绘画考级、游泳拿奖牌，也不是每次考试得高分。你的画展现了自己想要表达的心情，你在游泳池中酣畅淋漓地游了好几个来回，你读到了一篇精彩的文章，你思考出了一个独特的解题方法……这些都是独属于你的成就！把这些"事迹"写在彩色的便签条上并放到瓶子里，这些七彩的"成就感"，会点亮你的生活，让你知道自己是有能力去面对各种问题的。

你还可以在房间里贴一棵"成长树"，把自己每个阶段的小目标在树干上标出来，每当达到了，就给自己贴上一个大大的果实。看着果实积累得越来越多，看到自己离目标越来越近，你还会觉得自己的未来很迷茫吗？

如果你觉得学习有些吃力，那就审视一下自己的学习方法和效率吧。你可以尝试一些新的学习方法，或者找老师与同学请教，一起探讨学习的乐趣。记住，学习是一个持续的过程，坚持下去你就会看到收获！我相信你，也请你一定要相信自己，未来有无限的可能在等待着你！

心理老师说

这种感受很沉重，但请相信，你并不孤单。我能理解你的感受，此刻的你有深深的失望，还有对自己深深的自责。我看到你"不得不"的纠结，也看到你"学不好"的迷茫。你渴望做点什么来逃离这一切，却不知道该去往何处。可能还有更多声音在你耳边响起，有的是责怪，有的是埋怨，有的是建议，有的是懊恼，这些声音如同多种颜料混合在一起，变成一团浓重的墨色，让人看不清前路。

情绪是一种神奇的存在：你越想逃离，它就越追赶上来；你越压制它，它就越冒出来。情绪就像一个快递员，它的到来其实是为了给我们传递一些重要信息，所以面对它时我们不要再逃走了。

你可以找一个安静的地方，躺着或坐着，做几个深呼吸，让自己的脊柱保持正直，像头顶有一根线轻轻地拉着，不松不紧。让你的双脚与地面接触，整个脚掌、每一根脚趾头都稳稳地与地面连接，感受这种感觉。保持自然呼吸，然后开始跟自己对话，跟自己的迷茫对话："情绪，我看到你了，我感受到你了，我听到你了。欢迎你，谢谢你……我想你是在给我传达一些信息，告诉我珍视自己的爱好，也很期待有好成绩……所以我是一个有热爱、有追求的人，我要为此去肯定自己……"

亲爱的同学，你要知道，学习和兴趣爱好并不是互相排斥的，它们可以相互促进。通过探索兴趣爱好，你可以提升创造力、锻炼思维灵活性、提高情绪管理能力，这些都是学习需要具备的非常重要的能力。人的智能是多维度的、多类别的，有的人在数学上有天赋，有的人擅长观察自然。通过兴趣的引领，你可能会发现自己真正热爱、愿意深入研究的领域。

在初中和高中阶段，面对不同学科的学习挑战，你可能会觉得学习某些学科较为困难，甚至出现偏科的情况。但请不要过于焦虑，把这看作一个发现兴趣、认识自我的过程。无论未来选择哪个方向或专业，全面的知识储备都是基础。

\part\

3

家庭关系篇

乱花钱

家庭

不理解

1. 父母总拿我和优秀的姐姐做比较

我和姐姐的关系不错，可是我总忍不住拿自己和她做比较，身边的其他人也是如此。

真棒！ 好好反思！

期中考试，她的成绩比我好，妈妈高兴地夸赞了她，却让我"好好反思，下次努力"。我知道她说的没错，但还是有点伤心。

她的朋友很多，放学路上总有人和她打招呼。而我则独自走在一旁，我希望有同学也能来跟我打招呼。

我们的兴趣爱好不一样，也各有所长。

她认真、热情、聪明，我打心眼里佩服她。

她凡事都做得比我好，我知道这不是她的问题，但我还是很苦恼。

学姐说

　　成长过程中，我们最大的挑战之一常常是"别人家的孩子"。父母总是忍不住用别人的优点来激励我们。更让人沮丧的是，这个"别人家的完美孩子"可能就住在我们自己家。

　　比较有时就像一块沉重的石头，压得人喘不过气来。然而，这块"石头"并非外界强加于我们的，而是我们内心的不自信带来的，仿佛是我们自己拿起石头砸向了自己的脚。姐姐确实很优秀，但这并不意味着你逊色。你的成就和价值同样值得被看见和肯定。成长的美妙之处在于，每个人都是独一无二的，就像没有两片完全相同的树叶一样。每个人都有自己的天赋和能力，有些人可能在学术上表现出色，而有些人可能在艺术、体育等领域拥有非凡的天赋。正因为我们的兴趣、天赋和能力各不相同，我们才能在不同的领域展现出独特的潜力和贡献，这使得世界变得多元而精彩。所以，下次当家人把你和姐姐做比较时，如果你感到不快，不要憋在心里，勇敢地说出来，告诉他们："你们这样说让我感觉很难受，给我带来了很大的压力和困扰。我会学习姐姐的优点，但我也有自己的优点。"

有时候，我们因为害怕被误解或担心引发争执，而不敢表达自己内心真实的想法。但沉默只会让别人永远无法听到我们的声音，甚至会让他们误以为这样做是"为你好"。坦诚地告诉他们你希望得到更多支持和鼓励，这并不是一种自私或叛逆的行为。

另外，要记住，你的价值并不取决于与姐姐或其他任何人的比较。重要的是专注于自己的兴趣和目标，追求自己热爱的事物，发展自己的技能，发挥自身的优势。我们真正要做的，从来都是成为最好的自己！

心理老师说

读到你的烦恼时，我想了想，也开始烦恼了。因为不自觉间，我也开始比较了。我在纠结：我是应该站在家长的立场讲道理呢，还是应该站在你的立场理解你呢？我是讲理论呢，还是讲故事呢？我讲的能帮助你吗？我讲得够轻松有趣吗？我既是我父母的孩子，也是我孩子的父母，我该怎样表达自己，才能让你明白我是理解你的，同时明白"比较"这件事是无处不在的。你看，就如同你的这些想法——她的朋友比我多，她的成绩比我好，她凡事都做得比我好，比较的想法不自觉地涌入我们的头脑里，怎么赶也赶不走。

"比较"是人类天性的一部分，能见贤思齐说明你善于发现美丽和优秀的存在。我们常听到这样一句话："世界上不缺少美，而是缺少发现美的眼睛。"你发现了姐姐的许多优点，比如她学习上的努力和强大的行动力……你看，你已经拥有了发现美的眼睛。这应该成为激励你、推动你前进的力量和能量，而不是让你否定自己、感到困惑和背负重担。

培养积极的自我说服能力，接受自己目前的不完美。你可以尝试每天记录一些让你感到自豪和自己喜欢的小事，通过这种方式在认知上不断提升自我形象，增强自信心和自尊心。如果你发现自己很难看到自己的优点，不妨向家人、朋友或老师寻求帮助。通过他们的评价和反馈，你可能会发现自己未曾注意到的美好，也许你的兄弟姐妹们也在默默地羡慕着你的优秀。我们不喜欢比较，不是因为比较本身带来的压力，而是因为我们渴望向上、向前、变美，可是目前我们还没有达到，而有人比我们先达到了，于是嫉妒心就产生了。但我们忘了，第一名有第一名的烦恼，中间位置的人有属于他的快乐。当然，如果比较无法避免，那就跟自己比较吧！让比较变成一种驱动力，把更多能量用在自我成长上，让自己一天天进步。等我们慢慢靠近自己的目标时，那些不快与愤懑就会消失。

2. 我喜欢"追星"，但父母完全不理解，也不支持

每次看到自己喜欢的明星，我都特别开心。看到他们的努力和成就，我也备受鼓舞。

但父母总觉得"追星"浪费时间和金钱，他们完全不理解我为什么这样做。

他们限制我"追星"的时间和花费，让我觉得被束缚了，非常不舒服。

我真的不知道该怎么办，难道我的兴趣爱好就这么不被认可吗？

139

学姐说

　　我明白你的矛盾和困惑。但要知道，有时父母难以理解我们的兴趣爱好是很正常的，毕竟我们与父母之间存在着代沟。

　　因此，我们不必强求父母完全理解我们，而是应该首先尝试与他们沟通。你可以尝试坦诚地向父母表达你对"追星"的热爱，以及它给你带来的快乐，分享你从"追星"中获得的积极影响，比如激发创造力、学习音乐、放松身心等。"追星"就像追逐天空中的一颗星星，虽然它遥不可及，但它熠熠生辉。在追逐这颗星星的过程中，你也会发出属于自己的光芒。

　　其次，试着理解父母的想法。他们希望你能够在学业上更加专注和认真，期盼你能有一个美好的未来，这是所有父母都有的深切期望。因此，我们可以寻找一个折中的办法。例如，制订一个时间表，在娱乐和学习之间取得平衡。这样你可以在完成学业任务后，安心地享受你的爱好，父母也不会担心你因为"追星"而忽视学习。

　　最重要的是，保持积极的心态，尽量避免与父母发生争执，以理性和冷静的方式与他们沟通。你与父母要尊重彼此的观点，努力寻找共识和解决方案。你有权利追求自己的兴趣爱好，并在其中找到快乐和满足。同时，你也要尊重家人的期望和关心。找到平衡点后，相信你们之间的关系将会变得更加和谐。

心理老师说

谈及父母对你"追星"的不支持，我能从你的文字中感受到你的愤怒。有时，父母越表现出不理解或反对，你越想要去尝试。阻力越大，你的动力似乎也越强。这种对抗夹杂了青春期的逆反心理，会愈演愈烈。

但喜好本无对错，我们无须通过抗争来证明谁对谁错。尽管两代人的观点存在差异，但我相信，父母比其他任何人都更关心你的成长。因此，你可以找个合适的时机，与父母进行一次平和的对话。

"爸爸妈妈，今天我想向你们详细介绍一下我的爱好。"也许由于代沟，长辈并不能理解你的"爱好"，但理解的前提是不是"了解"呢？

"我的爱好对我来说很重要，我想获得爸妈的理解和尊重。"父母之爱子，则为之计深远。父母着眼未来，所以往往忽略了你当下的感受。那么，你或许可以给一个"温馨提示"。

"爸妈，我最近遇到了一些困难／压力，所以才寻求爱好来放松。我的困难是……"如果你遇到了难以解决的困难和难以排解的负面情绪，可以分享给父母，看看怎样从根本上解决。

"爸妈，人总会有情绪需要排解，这是我选择的排解情绪的积极方式。"负面情绪总要有一个出口，培养一种健康、积极的兴趣爱好对于保持身心平衡非常重要。如果某种兴趣爱好能让你放松，又不影响学业，我相信你的父母一定会支持的。当然，无论是哪种兴趣爱好，都要给自己定一个标准去控制参与它的程度和时间，适可而止，避免沉迷。

然而，现在有的人"追星"已经过了头，不再是理性、冷静、积极的，而是冲动、内耗的。如果它不成比例地消耗了你的时间、精力、金钱，严重干扰了你的正常学习和生活，则有必要立即停止。

3. 我想学小提琴，妈妈却要我学琵琶

我一直梦想学习小提琴，那种优雅的姿态和美妙的旋律吸引着我。

但妈妈认为我更适合学习琵琶，她觉得民乐更有特色。

在我的梦想与妈妈的期待之间，我该如何选择呢？

我想自己做主，但这一天何时才会到来？

学姐说

　　小提琴与琵琶之间的"世纪大战"已经拉开帷幕！别担心，这个问题是可以解决的，沟通是解决分歧的关键。你可以像谈判专家一样，和妈妈坐下来，谈谈你对小提琴的热爱。比如，它如何在孤独时给你慰藉，如何在快乐时让你更加振奋。而妈妈可能会告诉你，她为什么认为琵琶更适合你。认真倾听，然后做出你的判断和选择。

　　你也可以尝试成为一名"乐器探险家"，给自己一些时间去探索各种乐器。或许你会发现，琵琶也能弹出你的心声，而小提琴则是你灵魂的"调味品"。如果你最终决定学习小提琴，请向妈妈说明你的练习计划，并告诉她你真的很需要她的支持和帮助。

　　记住，生活就像一首交响乐，你就是指挥家，决定哪种乐器在何时响起。父母的期望和压力只是乐章的一部分，最终的决定权在你手中。相信自己，倾听内心的声音，找到真正的热爱并坚持下去。只有这样，你才能在未来创造出属于你的美妙旋律，活出精彩的人生！

心理老师说

　　当遇到两难的选择时，其实只要问自己两个问题：我是真的喜欢吗？我为我的喜欢做了什么？

　　真正的喜欢是什么？我们通常认为，兴趣爱好是美好的，投入其中应该是一种享受，我们也期待能在喜欢的兴趣爱好中取得成就。每个人都是这样想的，我们赋予了喜欢很多美好的意义。然而，真正的喜欢可能是喜忧参半、苦乐参半的。它需要一种毅力，一种坚持，一种愿意为之全力以赴的态度。真正的喜欢能够抵御各种干扰，它是一种坚定的态度，一股勇往直前的气势。例如：如果我真的喜欢写作，即使周围烟花绽放，我也能静坐在桌前，在喧嚣中找到属于我的宁静；如果我只是"有点喜欢"，那么周围的风声、雨声、车马声都可能分散我的注意力。

　　因此，在我们纠结于自己的想法和他人的看法时，可以静下心来反思和询问自己：我的想法是否真实？我的喜欢是否发自内心？不必害怕被他人的看法所影响。我们总会遇到需要妥协的情况。如果那真的是你的喜欢，即使历经千辛万苦，最终你还是会回到它的怀抱。如果那真的是你的兴趣爱好，即使此刻被说服，你也可以利用这个机会来考验自己。去伪存真，最终留下的就是真爱。

即使没有为自己的喜欢勇往直前，你也不要责怪自己。有时候，发现真正的喜欢是一个漫长的过程。妥协并不意味着失败。如果你真心喜欢画画，即使到了 80 岁，也可以举办自己的画展。

4. 父母离婚了，我该怎么办

今天，我在门外听到了父母的低声争吵，零星的语言里夹杂着"分开""不合适"等字眼，我感觉心里蓦地一沉。

晚饭时，他们宣布了那个我早有预感的消息——他们要离婚。

我觉得整个世界都崩塌了，心里充满了恐惧和不安。

我不知道该如何面对这个事实，更不知道未来会怎样。

学姐说

听到这个消息我也同样难过，父母离婚确实让人崩溃，给你一个大大的拥抱。

首先，你得允许自己心里难受一下！离婚是一场家庭版的"大地震"，情感和心理上会受影响也是正常的。对家庭破碎的恐惧、对未来的迷茫化作一张大手狠狠地攥住了我们的喉咙，让人难以呼吸，我们就像风中的树叶左摇右晃。所以，别把这些情绪压抑在心里，找一个你觉得安全的地方，痛快地哭一场，好好地发泄，但记得千万不要伤害自己和他人。

接下来，跟父母好好聊聊。告诉他们你内心的感受，问问他们的计划和安排。我们有时会装作无所谓的样子，像鸵鸟一样把自己的头埋起来，以为不听不问一切就还能如常，但这并不是解决问题的方式。对于婚姻，虽然父母有各自的想法，但他们还是关心你的。通过沟通，你也许会发现一些意想不到的惊喜，比如你会看到他们做出这样的决定是彼此深思熟虑的结果，但他们都很爱你，也都在认真地为你着想。

当然，找外部支援也是非常重要的，毕竟有时"当局者迷，旁观者清"。跟朋友、老师或者心理咨询师分享你的感受，他们能帮你分担一些压力，还能给你出出主意。

最后，别忘了保持乐观的心态。这个变故虽然很大，但并不意味着你的生活就会一团糟。相反，它可能会给你带来一些新的生活和成长体验。《阿甘正传》里有一句经典台词："生活就像一盒巧克力，你永远不知道下一颗是什么味道。"所以，你只需乐观冷静地对待这件事就好。而且你要知道，父母不管选择在一起还是分开，都是为了更好地生活，他们对你的爱永远都不会消失。勇敢地面对生活，你会发现自己其实比想象中更强大！

心理老师说

父母离婚无疑是一件重大且令人难过的事情。我们可能会觉得，曾经相亲相爱的两个人，现在变成了两个家庭，我们自己也仿佛被撕裂成两半，整个世界似乎都崩塌了。那些曾努力挽回父母婚姻的孩子都曾流过无数泪水，经历了愤怒和悲伤，最终归于平静。这样的心路历程虽然痛苦，但几乎是不可避免的，幸好它终将过去。我的建议是，尽力维持日常生活的秩序和稳定，保持规律的作息、适度的运动和充足的休息，这些都能帮助你建立一种可控感和安全感，并提醒自己："父母离婚并不意味着我的生活就会崩溃。"接着，审视自己的目标和未来方向，问问自己："父母离婚对我有何影响？我是否需要做出调整？我的未来是否会因此改变？"你也可以和父母讨论这些问题。尽管父母离婚可能会影响你的身份认同和自我价值感，但请记住，他们的分开并不是你的责任。这是两个成年人的选择，与你无关。

关于父母离婚对孩子的影响，我们周围确实不乏负面例子，但这并不是全部。我们可能会主动捕捉离婚对孩子产生不良影响的信息，并在大脑中强化这一点。我们越是坚信这种影响，它就越会影响我们。

有这样一个小女孩，在刚上幼儿园时，她的爸爸妈妈就离婚了。我认识她的时候她上小学。有一次周末聚会，她的妈妈带着她，她的爸爸带着同父异母的弟弟。爸爸陪着她，妈妈陪着弟弟，我们一群人一起开开心心地玩。聚会结束时，爸爸带着弟弟回家，妈妈带着她坐上另一辆车。捎带我们回家的路上，她看出了我的好奇，大方地说："爸爸和妈妈离婚了，所以我们各回各家。"

这个女孩和世上所有其他女孩一样，天真、阳光、明媚。除了父母离婚这件事外，爸爸还是那个爱她的爸爸，妈妈还是那个爱她的妈妈，她身上依旧还会发生好多好多美好的故事。

分享这个故事，并不是为了强行安慰或鼓励你，而是想给你提供一种新的可能性。如果父母离婚让你感到痛苦，也请你相信，还有新的可能发生。

请记得温柔地告诉自己：在任何时候，我们都有选择的权利。这样，我们就掌握了命运的主动权。

5. 父母对我很严格，周末也不允许我出去玩

每当周末来临，我总是充满期待，希望能和朋友们出去玩。

但父母的严格限制让我无法自由呼吸，我觉得自己的生活被束缚住了。

我讨厌他们总是管东管西，好像我永远都长不大一样。

我真想逃离这个家，去寻找一片属于我自己的天空。

学姐说

我完全理解你的挣扎和困惑，父母像是家里的"超级英雄"，而你是他们心中的"脆弱小兵"，需要他们保驾护航，所以每一件事他们都要百般考察和审核。不过，别担心，你可以化身为"智勇双全的探险家"，在尊重父母的同时找到自己的成长空间。

尝试坐下来跟父母沟通。对父母来说，他们之所以严格要求你，是因为担心和爱护你，所以要理解他们的心情，不要陷入和父母的对抗中。告诉他们，你接收到了他们对你的关心和爱护。告诉父母你的感受和需求，同时也向他们表达你希望他们能够理解并信任你。他们的"管东管西"很有可能是觉得你年龄还小，没有辨别是非和对自己负责的能力。因此，在跟父母争取权益的同时，你也要承诺自己会负责任地行事，比如按规定的时间回家、主动告知出行的地点等，不让他们太过担心。

如果沟通不起作用，你可以在学校参与一些课外社团活动，这样既能满足你的社交需求，又能培养你的独立性和责任感，比如：你可以参加舞蹈社团，展示自己"舞林高手"的实力；也可以加入摄影社，捕捉生活中的美好瞬间。

别让自己困在父母用爱编织的"网"里，用自信和责任感为自己插上飞翔的翅膀。

心理老师说

如果我生活在这样的家庭氛围中，我也会有想要逃离的冲动。一周紧张的学习后，周末却无法休息，这确实让人感觉自己像一台永动机。在这种情况之下，反抗是情理之中的反应。但请避免意气用事，不要在冲动之下做出可能会让情况更糟的决定。那么，我们能做点什么呢？

找人倾诉对父母严格管教的烦恼，以获得理解，这确实是一个好方法。烦恼在被人倾听和理解的过程中，往往会逐渐消散。你可以尝试给朋友打个电话，写写日记，或者找一位信任的心理老师谈谈。不要低估表达的力量。能够说出来的烦恼，往往更容易被治愈。每个人都值得拥有一个愿意全身心倾听自己的人。当你想改变现状，比如想要出去玩、放松一下时，你曾经尝试过哪些方法？是直接向父母表达，还是将想法藏在心里？是诚恳地沟通，还是抱怨不满？我在这里强调的是你可以采取的行动，而不是期望父母突然变得与你心有灵犀。因为改变他人总是最困难的。

在与父母沟通时，你可以使用非指责性的语言，表达你希望在周末与朋友外出的愿望，例如："爸爸妈妈，我想周末放松一下。我和××约好了下午两点在××广场看电影，大概晚上六点回家。我已经完成了一半的作业，计划回家后继续完成。"这样的沟通方式，将主动权掌握在了自己手中。父母也是在和孩子相处的过程中，逐渐学会了如何平衡管教和给予孩子自主权。所以父母与孩子也可以通过积极交流给彼此一些机会和空间，以及信任。

6. 父母觉得看课外书耽误学业，
我该怎么沟通

每当我拿起喜欢的书，父母就会提醒我："别看了，快去学习。"

我知道他们担心我可能因为看课外书而耽误学业，但我喜欢在书中漫游的感觉。

我该怎么跟他们沟通，让他们在理解我的观点呢？

学姐说

阅读就像是一把钥匙，打开了我们通往智慧世界的大门，拓宽了我们的视野；就像一台高倍望远镜，让我们能够看得更多、更远。

面对父母的担忧，你可以尝试这样跟他们沟通。首先，展示你的责任感和自律性！告诉父母你制订了一个完整的学习计划时间表，在这个时间表中，除了每天的学习任务，你还为自己安排了 30～60 分钟的课外阅读时间。向父母承诺你会按照计划平衡学习与娱乐，并确保在完成学习任务后再进行课外阅读，让他们放心。然后，跟父母分享阅读的好处，翻出你的语文教科书，把"快乐读书吧"栏目给父母看一看，这样，他们就能明白阅读不是浪费时间，而是一种促进你全面发展的助力。

还有一点很重要：阅读时不要局限于故事类书籍，而要选择涵盖多个领域的优质课外读物。书籍的世界广阔无垠，故事书有其独特的世界观，而工具书则为我们提供了丰富的知识。当父母明白阅读不仅能帮助你增长知识，还能拓宽视野时，他们很可能会更加支持你的选择。

当你读到一本有趣的书时，不妨推荐给父母一起阅读。正如"独乐乐不如众乐乐"，读完后你可以与他们一起讨论和分享你的收获与感悟。这样，你的阅读兴趣可以转化为全家人共同的爱好，你不仅能赢得父母的支持，还能增加与父母之间的沟通话题。

心理老师说

看到你的文字，我首先要为你的智慧点赞。因为你表达的是你与父母在阅读课外书上的意见分歧，而不是你试图改变他们。你强调的是沟通的艺术，而不是与父母对立。你明确知道自己想要什么，立场坚定，这为你指明了正确的方向。我猜，阻碍你与父母有效沟通的，并不是沟通的目的，而是你担心沟通的结果不符合预期，害怕结果与你的愿望相悖。你把沟通看得过于严肃和重要，因为这件事给自己施加了过大的压力。就像旅行时，我们过于期待看到壮观的景色，期待旅行有所收获，结果却因为过度专注于好的结果而忽略了享受过程。对结果的执着可能会阻碍沟通的进展。

　　试着使用非指责性语言和父母沟通，不必非常严肃，可以邀请父母举办一个家庭读书会。相信当父母听到你绘声绘色地讲书时，一定会深受感染，并在一定程度上扭转态度。

7. 妈妈总偷偷查看我的手机，
我感觉没有私人空间

我房间的门永远不能上锁，因为我妈妈会随时来查看我的动向。

视线

不仅如此，就连我的手机、日记本也会被查看。

我不敢留下任何记录，感觉每天都在和她"斗智斗勇"。

学姐说

　　我完全明白你的感受，你现在就像生活在一个无形的玻璃鱼缸中，每一个小动作都会被放大审视。我的许多同学也深有体会，妈妈似乎总能精准地找到我们隐藏的秘密，无论是藏起来的日记本还是手机里的信息，都逃不过她们的"Ｘ光眼"。她们仿佛拥有一副洞察一切的神奇眼镜，让我们无处藏匿。有时候，我们真希望能在这场家庭版的"捉迷藏"中获胜，将日记本巧妙地藏在书架的最深处，将手机巧妙地塞进枕芯里，让妈妈的"侦探技能"在这场游戏中失效。我们的小秘密，就像是我们心中的宝藏，我们小心翼翼地守护着，希望它们能在妈妈的"Ｘ光眼"下安然无恙。

　　有时候，我们的小把戏并不能长久地守护我们的隐私。妈妈之所以这样做，是因为她们想要更深入地了解我们，担心我们可能会误入歧途。虽然这样的关心让我们感到压力，但我们可以尝试与妈妈进行一次心平气和的对话。我们可以向妈妈表达，我们希望拥有属于自己的空间，这个空间不是用来做任何不当的事情，而是一个能够放松、自我表达的港湾。我们可以在这里释放学习的压力，记录生活中的点点滴滴，或者进行一些个人爱好活动，如阅读、写作、绘画等，这些都是我们在学习之余用来放松和调节心情的方式。我们希望妈妈能够理解并尊重我们的这个需求，不必过分担心。通过这样的沟通，我们不仅能够更好地理解彼此，还能够建立起一种更加健康和彼此尊重的亲子关系。

换个角度看，为什么妈妈会不厌其烦地查看我们的手机、日记本？是否因为进入青春期的我们与妈妈沟通少了，不再愿意分享自己的事情？曾经，放学后的我们总是围在妈妈身边，像小鸟一样叽叽喳喳地分享在学校发生的趣事；如今，我们的沉默又是否会让妈妈感伤、难过呢？如果是这样，那不妨一起约定一个"开诚布公"的聊天时间。每天或者每周找个时间，跟妈妈真诚地聊聊天，分享我们在成长中遇到的事情。这样做，一方面可以寻求她的支持和帮助，另一方面可以增进彼此的了解。当我们主动让妈妈了解我们的想法时，妈妈就不必每天紧张兮兮地盯着我们了。

心理老师说

    每个人都需要拥有属于自己的空间，不仅是物理空间，比如一个独处的房间，还包括心理空间，比如属于自己的秘密，这是我们应得的权利。

    这个问题，只靠一个人，是不能解决的。表面上它是"你想找回独立空间"，但实际上这是一个关乎关系的问题。

    也许父母还没意识到他们的孩子已经长大了，也还没意识到他们的关爱变成了对孩子的束缚。因此，在与父母沟通时，我们需要表达三个要点。

    第一，表达对父母的感激之情。"谢谢你们的关心，我知道你们是在关心我，想了解我的更多信息，想更多地参与到我的成长中来。这是你们表达爱的方式。我对此心怀感激。"

    第二，明确表达自己的需求。"我已经长大了，我需要属于自己的独立空间，拥有属于自己的秘密，我们需要保持距离，我不是'翅膀硬了'，也不是不需要你们了，而是我要为以后长大走入社会提前锻炼独立的能力。"

    第三，表达合作的态度。"我理解你们的担忧，我们可以一起商定哪些信息可以共享，哪些不可以。在需要的时候，我也会向你们寻求帮助。"

我相信，通过持续不断地沟通，事情会逐渐朝着我们期待的方向发展。当父母看到他们的孩子为了目标而有礼有节地争取时，他们很可能会意识到孩子已经长大，值得他们信赖了。

8. 每次我犯一点小错，
父母就要讲一堆大道理

你的人生态度有问题！

一点小事都做不好！

我只是犯了个小错，爸爸却跟我讲了一小时大道理。

你这样进入了社会怎么办？

人生态度一点都不端正！

明明只是打破一个盘子，他却上升到我的人生态度问题……

我已经知道错了，为什么还要说个不停？听得我耳朵都长茧了！

165

学姐说

不得不说，有些大人的心思，可真是令人猜不透！他们总能把芝麻大的小事，说成史诗般的长篇大论。每次孩子一犯错，他们就打开了记忆的大门，恨不得把孩子几百年前犯的错都翻出来再讲一遍。父母或许是希望我们能谨慎一点，犯过的错不要再犯，但有时候真的觉得耳朵都快听出茧子了！

面对这种情况，我有三个秘诀，你可以试试看。

第一，化被动为主动。假如你犯了错，可以试试在父母开始长篇大论前，先主动承认错误，立刻道歉。犯了错误不丢人，与其被动挨说，不如主动认错。一方面，这可以展示我们改正错误的决心；另一方面，这也让我们学会了从错误中学习。

第二，勇于表达。学会在适当的时候向父母表达你的感受。告诉他们你已经意识到自己的错误，也理解他们的担忧，希望他们能给你一些成长的空间。谁还不是一边犯错误一边学习成长呢？

第三，就事论事。你可以与父母达成一个约定，如果你犯了错，双方可以就事论事，专注于具体问题，找到解决问题的方法，但是不要上纲上线，扩大问题或混淆焦点。错误的沟通方式容易让我们产生推脱责任的心态，不利于问题的解决。与父母沟通时，既要有理解和尊重，也要有坚持和勇气。相信只要共同努力，你们一定能建立一种更积极的沟通方式。

心理老师说

　　我也不喜欢空讲道理的父母，在我成为老师后，我也会避免只讲理论而不谈实例。我明白，有时不是对方不愿意听，是真的听不进去。因为大脑只喜欢接收具体形象的画面，而理论是抽象的概念，道理就更抽象了。此外，不同立场的人之间很难做到真正的感同身受。所以，听者感到烦恼或不舒服并不是他们的错，而是道理本身可能不够吸引人。

　　人们讲道理往往是因为道理给人一种权威感，道理通常是正确的，而且往往与错误相对立。正是这种对立使得道理难以与听者产生共鸣。那些喜欢讲道理的人，可能会通过讲道理来掩饰自己的无助，试图展现出自信和权威，而且这种做法往往难以被反驳。而听道理的人，即使意识到自己的错误，也可能会因为不断地批评和指责而产生不悦或抵触情绪，导致难以接受或反感。父母的智慧是有限的。面对无法搞定的事情，他们也会产生深深的无助和害怕，担心跟不上孩子成长的脚步，但是又不想承认自己的脆弱，于是用很多看似正确的道理当拐杖。所以，他们越想当好父母，越会刻意多做些什么。这样想想，你是不是也能理解父母的心了？

在心理学上，有一种现象叫作强迫性重复，即个体在不知不觉中反复陷入与过去痛苦经历相似的情境，试图通过这种方式来处理或解决那些未解决的情感问题。例如，一个因为摔碎盘子而挨骂的孩子，在成为父母后，可能会以同样的方式对待自己摔碎盘子的孩子。这是无意识的行为，没有接触过心理学的父母很难意识到这一点。

这些是否可以帮助你更好地理解父母的行为呢？理解是尊重和理智沟通的基础。接下来，你可以用你觉得恰当的方式表达自我感受，去和父母沟通。这件事情的处理难度、效果会因人而异，但即便你无法改变对方（对方也改变不了你），能够理解也已经很宝贵了。

9. 每次成绩稍微下滑，
父母就对我全盘否定

今天考试成绩出来了，分数比我预想的低。

爸妈说："这么简单的题也不会，你真是干啥啥不行。"

我很累，也很焦虑，每次都为了他们的期望而努力，但似乎永远都达不到他们的标准。

我开始怀疑，我是不是真的太糟糕了？

学姐说

　　首先，我想告诉你，你并不是一个糟糕的人，千万不要因为他人的评价而否定自己。

　　我知道，有时候父母的期望就像一座压得人喘不过气来的大山，他们习惯把分数和排名作为衡量我们学习好坏的标准，往往会忽视我们的努力，甚至全盘否定我们。但无论如何请记住，你的价值远远不是一次考试或者分数可以定义的。成绩有波动是正常的，重要的是要看到自己的努力和进步，而不只是看成绩单上数字的变化。

　　如果不希望父母只看到分数，那么就把你的学习过程坦诚地告诉他们，告诉他们你为了学习所付出的努力、克服的困难，以及你为了进步所做的尝试。当然，你也可以说出自己做得不够好的地方、面临的困境和希望得到的帮助。

　　如果你觉得说出来父母也不会改变，依旧会用否定的方式对待你，那我建议你一定要学会自我肯定。你的价值不是由他人来定义的，你是一个独特的个体，有自己的优点和长处，要对自己怀有积极的认知。如果连你都觉得自己很差劲，又该如何转变他人对你的认知呢？此外，给自己一些喘息的空间，不要对自己太苛刻，接受自己的不完美。放轻松一些，或许一切就会有所不同。

最后，给自己设定一些短期和长期的目标吧！这样，你就能更清晰地看到自己的进步，也会更有动力前进。无论是学业上的成就，还是个人兴趣的培养，这些都是展现你价值的重要方式。所以，别灰心丧气哦！

心理老师说

面对不理想的分数，我深知你心中的失望，因为没有人比你更渴望得到一个更高的分数。你不仅对自己的表现感到失望，还承受着来自父母的失望，这种双重压力无疑是巨大的。有时候，父母的失望甚至会比你对自己的失望更大，他们的指责和否定往往是你最难以承受的。在失败面前，你需要的其实是安慰和鼓励，哪怕只是一句简单的"没关系"或"加油"，都能给你提供情绪宣泄的空间，帮助你从沮丧中恢复过来，继续前行。我也希望拥有这样理解和支持孩子的父母，并且我正在努力成为这样的父母。

在现实中，父母确实可能会将自己的面子与孩子的成就联系起来，孩子的失败在一定程度上被看作是他们自己的失败。这种"荣辱与共"的观念，就像孩子为父母的升职加薪感到高兴一样，是家庭关系中常见的心态。我并不是要求你必须理解父母的行为，或者为这种难过的感觉找到合理的解释。我只是想指出，这是一种普遍存在的现实，它是我们无法改变的社会现象，同样，我们也无法改变别人的看法和感受。

我们把关注点收回到自己这里：我怎么看待自己？这个问题我们最有发言权。

面对考试失败，你是自我贬低，还是整理心情重新出发？在任何时候，记得这样赋予自己力量：我并非学不好，只是还在探索适合自己的学习方法。这次考试不理想，只是成长过程中的一部分。他人如何对待你，往往是你教会他们的。因此，你要正视自己，更要尊重自己。

我知道，每个孩子都会在意父母对自己的评价，但父母的期待不应该是你学习的全部动力。你可以试着问问自己：我的学习动机究竟是来自父母的期望，还是源于内在的兴趣和对未来的期许？尝试根据自己的兴趣和价值设定合适的学习目标，而不是单纯迎合父母的期望或依赖外部的奖惩。这样在学习这条路上，你或许会更有动力。

无论如何，希望你如同花儿一样，不被周围人的言语和喜好所影响，尽情绽放，开得热烈，开得欢喜。

10. 面对父母的严厉追问，我总忍不住撒谎

学姐说

　　面对父母的严厉追问，哪怕自己并没有犯什么大错，你是不是也依然会忐忑不安？别担心，我们都有过这样的经历。

　　不过，我想告诉你的是，撒谎虽然能暂时逃避问题，但往往只会让事情变得更加糟糕，因为一个谎言需要用无数个谎言来掩饰，小错也会累积成大错。时刻担心谎言被揭穿，活在恐惧和焦虑之中，真的让人倍感疲惫。所以，还是选择与父母坦诚相待吧！

　　即使可能会面临一些责备和惩罚，但请记住，诚实是最好的选择。想象一下，如果你诚实地告诉父母事情的真相，他们可能会有些失望，但从长远来看，他们知道你是一个勇于承担责任、直面问题的人，会更加信任和尊重你。而且，撒谎只会让你更加自责和痛苦，何必呢？

　　当然，你也要反思一下自己为什么会选择撒谎。是不是因为缺乏自信，或者害怕面对某些后果呢？没关系，自信和勇气都可以慢慢培养，就像学变魔术一样，需要反复练习。相信自己，你一定能够学会如何面对困难和挑战，不再用撒谎来逃避问题。

最重要的是，你学会了从错误中吸取教训，不再重复犯错。把每次的失误当作一次宝贵的经验，时刻提醒自己不要再犯同样的错误，这样，你会变得越来越成熟，越来越有担当。

最后，我要告诉你一个秘密：你的父母也是从孩童时代过来的，他们也犯过错误，也一定曾有过想要逃避的念头。因此，他们能够理解你的处境。只要你坦诚相待，勇敢面对，你们之间的关系一定会变得更加健康和谐。

相信我，加油！

心理老师说

面对父母的严厉追问而不得不撒谎，这也许是很多孩子都有过的经历。作为孩子，在这个过程中，你首先要理解自己的恐惧和焦虑，然后分析"欺骗"背后的真实原因，并通过和父母的坦诚沟通重塑信任。

撒谎可能是因为害怕让父母失望、恐惧惩罚，或不愿面对错误。你知道吗？撒谎有时是大脑的一种自动保护行为。当遭遇失败、犯错或面对指责时，大脑可能会将其视为威胁，从而下意识地选择撒谎来保护自己，避免不必要的麻烦，这是大脑的生存策略。承认错误是一件需要勇气的事情。一方面，你可能会面对很多指责，还得承担起解决问题的责任；另一方面，如果你的生活中缺少勇于承担责任的榜样，你没有可模仿的对象，也容易选择逃避，这也是本能。

这些分析是为了让你知道，你选择撒谎是有原因的，也是可以理解的。所以，不要责怪自己。因为自责是对自己最严厉的惩罚，它不能帮助你更好地解决问题。

那么，你应该怎么做？

直面你的恐惧和焦虑，并尝试挖掘它们的来源。诚信固然可贵，但是迫使自己不得不说谎的压力源也同样需要关注。尝试与父母建立更加开放和诚实的沟通，可以选择在一个相对轻松的时刻，向父母坦诚地表达你对他们严厉追问的恐惧，以及你对自己行为的内疚和后悔。如果你想说真话，但又有所顾虑，可以先试着分部分、分时段地说出真相。或许你会发现，真相并没有你想象中的那么可怕。有时候，吓倒我们的只是自己的想象。不要害怕面对真实的自己，勇敢地与父母进行诚实的沟通。这样的努力将会为你们的关系带来积极的改变，同时也能助你建立起内心的坚强和自信。

11. 每次送妈妈小礼物，她都责备我乱花钱

每当我精心挑选小礼物，期待能给妈妈带去惊喜时，她总是责备我乱花钱。

其实，我能从她的眼神中读出喜欢和感动。

不实用

乱花钱

我真希望她能直接告诉我她有多喜欢这个礼物，而不是总批评我。

我真的不懂，为什么她不能像我一样，大方接受这份爱呢？

学姐说

　　不得不说，你真是个贴心、有爱的人。你精心挑选的小礼物里，充满了你的心意和期待。这样看来，妈妈的"责备"确实来得莫名其妙，让你有点摸不着头脑，对吧？

　　正如你感受到的，其实妈妈并不是不喜欢你的小礼物，相反，她可能感动得不得了，但她就是喜欢用一种特别的方式来表达。也许，她提醒你不要乱花钱，是希望你能更加专注于学习和成长；也许，她正是深切地知晓你对她的爱，所以才觉得不必用外在的物质来传递。

　　而你呢，你可能希望这个礼物能成为一份惊喜、一个日常生活的浪漫调剂。你渴望听到妈妈直接告诉你她有多喜欢这个礼物，让你们彼此都能感受到那份简单的快乐。

　　那么，何不试试用一种更加坦诚的方式与妈妈沟通呢？告诉她你的用心和期待，让她明白你精心准备的小礼物是为了表达对她的爱，并且希望她能喜欢。同时，你也可以听听她的建议和期望，因为对妈妈来说，也许她有自己想要的"表达爱的方式"呢。

毕竟，真正的关心和理解是双向的，互相传递才能产生共鸣。

相信只要你和妈妈都敞开心扉，你们之间的关系一定会变得更好。毕竟，在这个世界上，没有什么比理解和爱更强大的"魔法"了！

心理老师说

一般来说，收到礼物感到高兴并表示感谢，这样才不辜负送礼人的初心。因为人人都渴望被看见，渴望自己的真心被善待。

你可能会发现，在收到礼物时，妈妈虽然在言语和动作上表现出抗拒，但她眼中的喜悦和幸福是无法隐藏的。实际上，这种矛盾的背后，可能隐藏着她小时候被忽视的痛苦。也许在小时候，她因对礼物的渴望曾经被责备，她的愿望曾经被忽略，因此，她将收到礼物和挨骂、受责备的经历联系在了一起。这是深植于她内心的本能反应。

如果你感到不适，可以选择从此以后不送了，因为不期待就不会失望。但如果你想继续表达自己对父母的爱，可以试试理解他们的拒绝，他们不是在拒绝你的善意和爱，而是不适应而已。

即使妈妈对你进行了"批评"，她在心里也一定感动于你的孝心和爱意。可能在那一个瞬间，她更加关心和担忧你的学业，所以就不那么在意礼物本身了。因此，与其严肃地追问妈妈"为什么"，不如轻松地和她开个玩笑："妈妈，别绷着了，你心里一定乐开花了吧？"这样一句玩笑话可能就能打破妈妈的心理防线，让她展现出内心真实的轻松，让她能够和你一起享受这个时刻。

最后，我相信，在精心准备礼物的当下，你一定是快乐和幸福的。送礼物的价值在你准备礼物和送出礼物之时就已经体现了，而收礼之人的态度属于额外价值。如果你得到了积极的回应，你会感到欣喜；如果没得到，你也不必过于在意。

12. 面对父母每天对学习的追问，我真的无话可说

每天回家，父母的追问就像一场无法逃脱的"审判"。

我觉得自己就像一台学习机器，而不是一个有血有肉、有情感的人。

学习、作业、考试……他们似乎只关心这些。

我真的希望他们能多问问我的兴趣、梦想、朋友……

学姐说

　　你是不是觉得有时候和父母沟通就像在玩一场"猜心游戏"呢？他们问的总是你不想交流的，而你想倾诉的他们似乎又不在意。即便内心可能充满了关心和爱意，他们说出口的话也永远是责备。

　　有时候，父母和我们之间隔着无数的屏障。与其埋怨他们不懂你，不如尝试主动带他们进入你丰富多彩的内心世界，毕竟他们是你最亲近的人。

　　要想为"猜心游戏"更换新模式，记得要保持耐心和幽默感。有时候，父母可能需要一点时间来适应你的成长和变化，毕竟他们成长的时代和你不一样。你可以用一些轻松幽默的方式来化解尴尬，比如：放学后给他们"科普"一下最近你和同学聊天时用的网络用语；也可以说说你在学校遇到的挑战，听听他们作为过来人的建议；还可以聊聊你的兴趣和梦想……就算他们不主动问，你也可以主动分享你想分享的话题。

　　沟通越来越多，隔阂就会越来越少，了解就会越来越深，你和父母之间的屏障最终都会变成流淌着爱与信任的河流。

心理老师说

　　兴趣、梦想、交友，这些都是人生中宝贵的财富。你一定有很多故事想要和父母分享，并期待他们的回应。然而，如果父母总是聚焦于学习，你可能会感到他们的关注与你所重视的事情"背道而驰"，甚至觉得彼此之间的对话缺乏共鸣。但是，你知道吗，在某种程度上，学习的情况确实会影响你的兴趣、梦想和交友的实现。马斯洛需要层次论告诉我们，在满足了基本的生存（或生理）和安全需要之后，人们渴望社交（社交或情感需要），然后是尊重（包括自尊心和荣誉感等），最后是自我实现。因此，兴趣、梦想和交友都是人类的合理需要，而学习正是实现这些需要的途径。通过学习，你可以增长知识、明辨是非，在交友中学会尊重和包容，可以用更加深入的视角探索自己的兴趣，并在兴趣的驱动下实现自己的梦想。

　　从这个角度来看，你和父母其实都在关注学习，只是你们关注的方面不同。父母可能更注重"正式学习（如学校教育）"，而你可能更看重"非正式学习（如课外的兴趣和爱好）"。因此，你们之间的分歧并非不可调和，这些"审判"式的对话也可以转变为"有趣的交谈"，关键在于找到一种合适的沟通方式。我认为，沟通确实是父母和孩子之间的一道难题。我们必须承认，父母可能跟不上孩子快速成长的步伐了。孩子充满活力，拥有无限的可能，而父母可能还停留在过去，他们习惯于用具体而细致的话题来与孩子交流，这是他们表达关心和参与孩子生活的方式。询问学习情况、询问成绩如何、询问冷暖与否，就像中国人见面问"吃了吗？"，外国人见面问"How is the weather?"一样，虽然看起来是日常的重复，但实际上是在表达关爱。

既然如此，你不妨自问：我希望和父母聊些什么呢？是理想、朋友还是偶像？不要等待父母来开启话题，你可以主动分享。与其把父母推到一个他们可能感到陌生的新世界，不如一点一点地向他们介绍这个世界。就像当年，他们把世界介绍给小时候的你一样。尝试将父母的询问视为一种积极的行为，把他们的唠叨理解为他们表达爱的方式，这可能会帮助你重新理解父母。

13. 父母每天都会吵架，我担心家要没了

家庭气氛日益紧张，父母的争吵声不断回荡在我耳边。

我真的害怕哪一天他们会彻底崩溃，我们的家会彻底破碎。

我感觉自己被夹在中间，无处可逃。

我真的希望他们能够冷静下来，为了我，为了这个家。

学姐说

　　我非常理解你的感受。你的感受是完全真实且非常重要的。家庭纷争确实让人痛苦和担忧。

　　首先，我想告诉你，这并不是你的错，你不需要为此承担责任。每个孩子都值得拥有一个温馨、和谐的家庭环境。父母的争吵可能是他们的沟通方式导致的，所以请你不要责怪自己，不要总是想"如果我能更乖一些，父母是不是就不会吵架了"，或者"是不是因为我，他们才会争执"。这样的想法对你是不公平的，也是不正确的。

　　面对父母的争吵，你确实可以尝试扮演调解者的角色，帮助他们化解分歧。选择一个合适的时机和环境，用温和但坚定的语气向父母表达你的感受和担忧。你可以告诉他们，你担心他们的争吵会给家庭带来负面影响，希望他们能够冷静下来，一起努力创造一个和谐稳定的家庭环境。如果父母因为一些小事争吵，那么请让他们知道你的感受，这可能会促使他们在未来调整自己的行为。

　　需要注意的是，不要指责和攻击父母任何一方，作为孩子，很多时候你并不了解事情的全貌，单一的评判可能会让气氛更加紧张。同样，倾听也很重要，最好给予父母足够的空间来倾诉自己，有时他们只是需要一个情绪的宣泄口，说出来就好了。

　　对了，我要提醒你的是，如果你觉得自己无法应对这一切，不要犹豫，积极向老师、辅导员或心理咨询师寻求帮助，和他们谈谈心，让他们给你出出主意。尽管当前的情况让你感到困惑和无助，但你并不孤单，有很多人都愿意伸出援手，帮助你渡过这个难关，包括我在内！

心理老师说

　　首先，给你一个温暖的拥抱，你一定感到非常害怕和不安。两个相爱的人争吵确实会给整个家庭带来巨大的情绪压力，尤其是对你这样的孩子来说。你可能会感到紧张、恐惧和无助，不知道该如何帮助他们，也不知道如何平息这场冲突。每个孩子在父母争吵时都可能经历同样的痛苦。你明明没做错什么，却不得不承受这样的痛苦，这真的很为难你了。

如果你感到非常难过，可以尝试在心理上给自己穿一件隐形的外衣，暂时隔离开那些争吵的声音；或者，你可以做些什么来让自己感觉好一些，比如听一首喜欢的歌、读一本喜欢的书，或者打开门去小区里散散步。虽然这些做法不能解决问题，但它们能让你暂时远离那种情绪高压的环境。

在这个时候，重要的是为自己做点什么，而不是试图帮助父母解决问题。每个孩子在父母争吵时都可能会不自觉地开始责怪自己，认为如果自己做得更好一些，父母就不会争吵了。但请记住，父母的争吵是他们自己的事情，不是你的错。你要学习在父母争吵时如何保护自己、照顾自己。让父母自己解决他们的问题吧，你要相信他们能够自己处理。毕竟，如果是大人自己都无法解决的事情，孩子就更无法解决了。

有时候，争吵可能是父母相处的一种方式，我们作为孩子，应该尊重他们的这种方式。给父母一些空间，让他们自由地沟通，这也相当于在给自己空间。我知道这很难，但请尝试去做。

最后，你是家庭中的重要成员，有时父母沉浸于争吵，一叶障目，忽略了你的感受甚至存在，所以，如果你有表达的欲望，请说出你的想法。这不是为了去左右结局，而是让你行使家庭中一员的参与权和表达权。

14. 父母总是在他人面前贬低我

今天，我又听到父母在他人面前贬低我。我真的很受伤，感觉自己一无是处。

每次被他们随意评头论足，我都感到无比尴尬和难堪，觉得自己特别差劲。

我知道他们希望我变得更好，但这种贬低和否定只会让我更加自卑和沮丧。

我真希望他们能够尊重我、理解我，而不是一味地贬低和指责我。

学姐说

　　看来你今天又被父母的贬低给"打击"得不轻！大人真的太擅长打击我们了。面对这种情形，伤心是难免的，但你千万别陷入自我怀疑。

　　首先，你得学会"自我肯定术"。你要相信自己是独一无二的，有独特的优点和长处。每当父母贬低你时，你就在心里默默地告诉自己："我并不是他们说的那样，我有自己的价值。"这样，你能逐渐摆脱他们对你的负面评价，建立对自己的正确认同感。

　　其次，及时表达感受。你可以找个合适的时机，坐下来与父母好好谈一谈，告诉他们你的感受，让他们知道这样的贬低对你造成了多大的伤害。同时，你也要听听他们的想法和期望，看看是否有什么误会或者沟通不畅的地方。

　　最后，别忘了"自信提升术"。你可以通过培养自己的兴趣爱好、参加社交活动等方式来提升自信心。当你变得更加自信和独立时，你就会发现父母的贬低对你来说已经不再那么重要了。

　　希望这些方法能帮你摆脱父母的贬低，重新找回自信和尊严。记住，你是独一无二的，不要让他人的言论轻易影响你！

心理老师说

你提到父母的贬低让你感到自己一无是处。当你听到父母的负面评价时，可能会将其归因于自己能力不足，而不是因为父母的教育方式出现偏差。尝试改变归因方式，可以减少对自我的负面评价，增强自我肯定，比如将父母的批评视为他们表达关心的方式，而不是你自身价值的反映。

如果你希望父母尊重和理解你的感受，可以尝试与他们进行一次坦诚的沟通。告诉他们，你理解他们是为了你好，但他们的方式让你感到受伤和自卑。表达你的真实感受，提出具体的改进建议，比如希望他们能多一些鼓励和支持，而不是一味的批评。通过这种方式，你不仅能够更好地保护自己，还能帮助父母理解和改进他们的教育方式。

你要知道，缺点和不足人人都有，人无完人。我们只需要做真实的、完整的自己，清楚地知道自己有哪些优点、有哪些不足。

下面我带你做一个练习，帮助你恰当地看待自己。

写下一个你最不喜欢的别人给你的评价，比如愚蠢，再写下它的反义词：聪明。然后，起身找到一个可以前后左右走动一两步的空间。先站在这个空间的中心位置，深呼吸。这个中心位置是一个起点。

第一步，往左迈出一步，告诉自己"我是愚蠢的"，然后回到起点。

第二步，向右迈出一步，告诉自己"我是聪明的"，回到起点。

第三步，往前迈出一步，告诉自己"我既是聪明的，也是愚蠢的"，回到起点。

第四步，往后迈出一步，告诉自己"我既不是聪明的，也不是愚蠢的"。

记得在每迈出一步说出对自己的评价时停留几秒，体会这个评价带给自己的感受。

相比于改变别人对待我们的方式，改变自己对自己的态度更重要；相比于别人如何看待我们，我们自己如何看待自己更重要。

15. 我对他人友善，
但和父母说话时总忍不住发脾气

今天我又和父母发生了争执，明明知道他们是为我好，但我就是忍不住发脾气。

平时我对待朋友、同学都很友善，但不知道为什么，一回到家和父母说话就变得急躁。

我深知这样不对，父母是我最亲近的人，我应该更加珍惜和他们相处的时光，而不是用发脾气来伤害他们。

我真的想改变这种状况，希望和父母的交流变得更加和谐、愉快。

学姐说

看来你在和他人打交道时是个友善的小天使，但一回到家，和父母说话就秒变"小炸药桶"啊！想让你的家庭氛围从"火山爆发"变成"温馨乐园"，要不要试试这几招？

首先，你得学会"情绪降温术"。在和父母对话前，先想象自己是个冰箱，把心里的那股"热火"冷冻起来。要是实在忍不住，就找个借口溜去厕所，对着镜子做个鬼脸，告诉自己："冷静，冷静，别跟爸妈较劲！"

其次，试试"换位思考法"。想象一下，父母其实是两个可爱的"老顽童"，他们可能只是想逗逗你，或者关心你。给他们一个微笑，用理解的眼神看着他们，告诉他们："爸妈，我知道你们是为我好，但咱们能不能好好说话呀？"

再次，给自己和父母都留点"缓冲时间"。你可以说："爸妈，我觉得我们可能需要冷静一下，等会儿再聊吧！"然后，你可以去做自己喜欢的事情，比如看一集搞笑动画片，笑一笑，情绪就会好很多。情绪好起来，你会发现沟通也能变得顺畅许多。

最后，别忘了"爱的魔力"。无论你们之间有什么不愉快，都要记得，你们是一家人，彼此之间的爱是无法替代的。在对话结束后，给父母一个拥抱，告诉他们："我爱你们，我们下次好好聊！"

心理老师说

我们总是会对父母发脾气，这是因为除了父母之外的人都是外人。面对外人，我们通常会展现美好的一面，有所克制，不想给他人添麻烦，不想得到负面评价，所以我们总是表现出友善的一面。我们给世界善意，把自己的需要、愿望和委屈都隐藏起来。当感到累了、乏了，我们就会回到一个安全的地方，比如家里，在那里我们可以卸下伪装，让父母看到我们暴躁、委屈、脆弱和不完美的一面。

依恋理论指出，我们在婴儿时期与照顾者形成的依恋关系影响了我们成年后的情感表达和行为模式。对父母发脾气，往往是因为我们对他们有更深的信任和依恋，潜意识中认为父母会无条件地接纳我们。然而，这样做是非常不可取的。我们需要学会有效地管理和调节自己的情绪，而不是随意发泄情绪不能因为伤害家人的成本很低就放纵情绪。

尝试用对外人的友善来面对父母，因为父母也需要被尊重、被呵护，他们也曾经是孩子，他们也永远渴望被爱。无条件的爱不代表可以有恃无恐地挥霍，积极关爱家人才能给彼此带来更多能量。当我们可以意识到对父母发脾气的原因，并学会更健康地表达和管理自己的情绪，就能够建立更和谐的家庭关系。

\part/
4

学习方法篇

物理

数学

英语

1. 我不喜欢数学老师，所以偏科

我上数学课时总会犯困，今天还被老师抓包开小差了！

我知道我的数学成绩不好，但我真的听不进去！而且，数学老师真的很讨厌啊！

他总是针对我，把最难的问题交给我回答，答错了就用凶狠的眼神瞪着我。

我不喜欢上数学老师的课。在他的课上我总走神，作业里出现很多错误，而且，他还很喜欢把我和数学好的同学做比较……这让我很不开心，该怎么办呢？

学姐说

　　说实话，我从小到大最害怕的学科就是数学。在我看来，全世界的数学老师似乎都精通催眠术。上课开几秒小差我可能就错过了很多东西：上一秒还跟得上老师的思路，下一秒捡了个橡皮，再抬头一看黑板我就看不懂了。你可能越学得不好就越烦躁、越不想学，我完全理解你的感受。毕竟付出了精力但看不到收获，总是会让人感觉沮丧。事实上，我们总会遇见一些很难但必须做的事情。无论有多讨厌，我们都必须承认，学好数学是很重要的。你可以试着把数学当成自己成为英雄的路上必须战胜的怪物，只有击败它，你才能继续向前。真正厉害的人，总是愿意去做那些自己不喜欢但又具有挑战性的事情。而且，当你辛苦地解出了一个个数学难题时，相信我，你会获得非常大的成就感。

　　想要学好数学，这三个建议你可以试试。

　　首先，看一些关于数学的纪录片，比如《数学的故事》《新星：数学大迷思》《一根绳子的长度》等，找到学习数学的乐趣。

探索数学知识和解决数学问题的过程，可能会改变你对数学的态度。

其次，绘制关于数学知识点的思维导图。这是让我自己很受益的一个数学学习方法。通过思维导图，你会知道每个知识点都不是孤立的，而是彼此关联的，这样可以帮助你更好地理解数学的解题思路。

最后，多向老师请教，和你的数学老师建立良好的沟通与合作关系。尽管你认为数学老师对你不公平，但也许你可以换个角度去理解他。请记住，老师是帮助你学习和成长的人。当他更了解你后，他才能给你提供更多的辅导和支持，帮助你提高成绩。

心理老师说

每个人都有不同的好恶，出现正面或负面的情绪和态度在生活中很普遍。但在学习中，如果想有效提升学习力、让学习过程变得积极有效，你可以考虑从以下几个方面进行调整。

认识情绪并接受它

就像天气有阴晴雨雪，季节有四季更替一样，情绪也会有积极和消极的变化。我们能做的是学会和各种情绪相处。当然，我们大多数人会倾向于喜欢积极情绪，排斥消极情绪，这是很正常的。

我们会因为不熟悉或不知道而害怕或排斥某些事物。当熟悉感增加后，我们就会容易接受。因此，你可以细细地分辨自己的负面情绪，也就是不喜欢的感受，它是"排斥"，是"害怕"，还是"紧张"？如果你识别不出来这种感受，就给它取名叫小红，叫汤姆也可以，随你喜欢。你识别它的过程，就是在把情绪从自己身上"摘"出来的过程。这样大脑就知道，原来情绪是情绪，情绪不等于"我"。另外，你也可以在心里跟小红或汤姆对话："欢迎你，谢谢你带给我关于学习数学的感受，谢谢你让我了解了这个感受。"当你和情绪之间可以沟通了，你的心态也会变得更平和。如果不好意思用语言表达，你也可以把自己的感受写在本子上，把这个记录的本子当成你最亲密可靠的一个朋友，向他诉说。要知道，人有喜爱和排斥的倾向是非常正常的，但对于学习而言，它们都是外部因素。学习的真正驱动力应该来自内心。

用自我表露法化解误会，寻找共鸣点

人与人之间之所以会产生误会，是因为信息流通过程中出现了偏差。采用自我表露法，即个体主动分享自己的想法、感受和经历，可以促进人际关系的发展，增进彼此的理解和信任。如果你有这些困惑，可以和老师聊聊。这是一个有难度，但值得尝试的勇敢者的行为。你可以直接对老师诉说自己的困惑，表达自己的苦恼。如果你害怕当面聊，可以通过留言的方式表达自己的想法，甚至你还可以匿名留言。通过主动沟通，你会发现也许自己所执着的某种情绪只是一个误会，也许老师看似为难你的行为只是出于关注；通过主动沟通，你不仅能把误会解开，还可以寻找与老师的共鸣，得到老师一对一的帮助，没准还能和老师成为朋友。

用积极目标引导法转移注意力，培养学科兴趣

你可以试着问自己"我想要的是什么""我的目标是什么"，而不是"我不要什么"，用积极正向的目标引导自己的行为，这样现实才会和目标相一致。另外，你还可以区分自己的"不喜欢"——是不喜欢老师，还是不喜欢这门学科；是因为害怕考不好，还是对这门课程不感兴趣。这样你就可以有针对性地排除障碍。比如，你因为老师批评过自己而对老师产生了排斥

心理，那么你就要提醒自己别把所有注意力都放在老师的负向方面，而是集中在学科的重要性和自己的学习目标上。你可以尝试找找老师的优点和可爱之处。老师的教学水平高、表达能力强，能够分享给学生高效的学习方法，这些对学生而言也同样重要。此外，多参与一些有趣的学科活动或课外拓展，有助于你挖掘这门学科的趣味性，从而增加对学科的兴趣和投入。

寻找学习伙伴

除了老师、家长等"权威""长辈"角色外，学习伙伴在我们的个人发展中也起到至关重要的作用。学习伙伴除了在一起分享学习方法外，还可以互相诉说各自的烦恼，一起商量解决办法，互相督促和鼓励，共同面对学科学习中的挑战。找到志同道合的学习伙伴，能够让彼此更加坚定地保持学习的动力和积极性。

2. 学习时总忍不住开小差

8:00
secret
sharpener
eraser
英语
mouse
keyboard
Parrot

早上应该背30个英语单词，但我怎么也记不住。

10:44

终于背完了，脖子都酸了！

10:45

要不听音乐休息一会儿吧！定个闹钟，只休息五分钟！

今天我列好了学习计划，但到头来根本没完成。

10:50

休息时间怎么这么快结束了？感觉根本没休息够……再休息三分钟也没关系吧？

反正没人在家管着我，多玩一会儿也没事。这些事情过一会儿也做得完……

结果，很多应该完成的事情没有完成！

11:00

18:00

学姐说

列计划的时候信心满满，事后没完成时却懊悔不已——这种情况我也经历过。"过一会儿""再等等""反正没人管"……这些话都曾经是我消磨时间的借口。

拖延症似乎是我们都有的毛病。但是，千万不要灰心，更不要给自己安一个"磨蹭、拖延、爱偷懒"的"罪名"，因为高效利用时间需要一个学习的过程，我们要积极面对挑战。

如果你想休息一会儿，比如听音乐或看视频，记得给自己设置一个明确的时间限制，五分钟是一个不错的选择。这样你就有了一个目标。你可以设定一个闹钟来提醒自己时间到了，好让自己及时抽身并开启下一项任务。

不过，你可能会感觉五分钟的休息很快就结束了，觉得再休息三分钟也没关系。那我建议你把这三分钟的休息放到下一个事项完成后。休息确实很舒服，但是如果不提醒自己及时回到学习和工作状态，时间就会这样溜走，白白浪费掉。要记住，青春年华是最宝贵的！

更重要的是，你要明白，这些计划和任务不是爸爸妈妈的，最终还是要你自己来完成的，而且，心里总想着未完成的事，即使玩你也玩得不痛快。这样想想，也许你就能说服自己坚持一会儿，再坚持一会儿，直到完成任务。这个过程虽然累，但是会带给你一种成就感，而拖延最终只会带来内疚和不安。

相信自己，你可以做到的。

心理老师说

想法和行为不一致时，人由于预期受阻会有心态波动。你可以试着从以下几个方面改善。

巧用"微计划"，让行动毫不费力

计划合理意味着计划应有助于目标的实现且可操作，因此，寻求个人发展的同学既不能没有目标，也不能过度安排计划。好高骛远只会带来挫败和迷茫，最终导致你放弃目标。

你要明确地知道一个计划是否合理，不是他人说了算，而是自己说了算。一个与自己的实际情况和舒适度相匹配的计划，就是合理的计划。宏大的目标往往是给别人看的，除了受到别人的赞美外，对自己没有任何好处，只会把自己的潜意识吓倒。假如你很排斥记单词，那不妨把一天记 30 个单词改成一天记 10 个，坚持 3 天。记 10 个单词在大脑中将会被解读成一个舒服的计划，而不是一开始就让人害怕的大目标。我们的大脑特别喜欢简单和快乐。因此，制订合理的计划，可以从制订"微计划"开始，让行动毫不费力。

分解任务，让整体目标具象化

分解任务是将宏大的整体目标拆解为具体的子目标，将完成整体任务的过程拆分成小步骤，每次集中精力只完成其中一个节点，逐步推进和发展。这有助于我们在完成任务的过程中感受到渐进性的进步，减轻我们的畏难情绪。

比如"提升英语成绩"就是一项抽象的任务，而"下次英语考试提高 10 分"就是一个具体的目标。人类的大脑喜欢具体和形象，越具体，大脑越容易操作。拆解目标和任务，其实就是问自己："我如何提高 10 分？"比如，你可以进一步将这个目标拆解为"单词提高 3 分，阅读理解提高 3 分，听力提高 4 分"，这样你的行动就有了具体的方向，不至于一开始就对目标望而却步。此外，当我们认为目标可实现的时候，大脑趋易避难的本性就会被满足，这样目标实现起来也更轻松一些。

给自己适当的奖励

记住，适度休息可以帮助我们更好地集中注意力，所以在忙碌专注的同时要给自己一些调整的空间。当目标达成后，记得起身奖励一下自己。跟自己说"Yes"，听一首喜欢的歌，吃点水果，这些都是简单易行的奖励。同时，还有重要的一点，那就是，如果目标没有达成，你也不用责怪自己，因为你比谁都希望目标达成。这样的结果已经让你很难受了，就不要再难为自己了。

3. 一背单词就犯困，背了转头就忘了

我当然知道要背单词啦！别催我了！

翻开英语书，每次看到英语单词和它放在一起的对应的中文含义我都觉得自己记住了，可一合上书我就忘了。

我觉得它们长得都一样，这可太难背了！

糟糕，妈妈说晚上还要检查。

为什么要背单词呢？明明现在翻译软件已经很发达了。

累死了！好想睡觉啊……

学姐说

　　每次背单词背到崩溃的时候，你是不是就开始问自己：现在已经有那么多翻译软件了，为什么还要学习英语？背单词有用吗？为什么我试过各种"学霸"背单词的方法似乎还是记不住呢？

　　其实，真正让你背单词犯困的原因，不是单词太难，而是你"不愿意、不想"。你总在疑惑"有这个必要吗"，说明你内心在抵触这件事。我很喜欢学英语，因为英语作为一种全球通用语言，可以帮助我们更广泛地获取信息，增加就业机会，发现更多可能性。更重要的是，它让我们有机会接触一套全新的思想和文化体系，这就是学习语言的魅力。当你真的可以独立听懂一句地道的英语表达，理解一个单词在不同语境下的不同含义时，你会惊叹于语言的神奇，也会发现这个世界的声音变大了，它在向你敞开大门，邀请你进入新的旅程。当你真正明白了学英语的意义和长远价值时，那么你就能直面背单词这个挑战了。

我的英语学习心得是多阅读英文原著——当然要从简单到复杂。你可以先读一些有趣的故事和小说，慢慢地扩大词汇量。其次，用一些背英语单词的移动应用程序（App）来辅助背诵。这些软件大部分根据艾宾浩斯遗忘曲线（也常称为保持曲线）来设计功能与流程，可以帮助我们在背诵的同时及时复习，记得更牢固。此外，还有一个好方法，就是在背诵一些比较难的单词时，可以边读边用笔拼写，充分调动视觉和听觉，这样记忆效果也更好。

加油！相信你也能找到最适合自己的方法。

心理老师说

学习和记忆都是认知心理学的重要研究内容，因此，当学习效率降低、记忆效果不佳时，我们可以从认知心理学理论中找到提升和优化的途径。这里为同学们介绍一个信息加工理论，它的核心理论围绕记忆的生成逻辑——"编码—存储—提取"展开。

编码：将信息编入自己的记忆系统中

遗忘和记忆是一组相对的朋友，我们记忆的方式也影响遗忘的类别，有时"忘了"是因为"根本就没记住"，是记忆在编码阶段出现了问题。接下来与你分享两个有助于提升编码效果的思路。

记忆效果的分层。不同记忆方式带来的记忆效果是分层的，"看一眼"带来的记忆效果是最浅层的，"看+听"的效果是中层的，而语义分析（"这个词是什么意思呢？"）是最深层的。也就是说，如果我们背单词只停留在"看"的层面，记忆效果最浅；如果改为"看+听"，记忆效果会增强；如果改为"看+听+理解语义"，那么记忆效果最佳。由此看来，理解单词含义至关重要，背单词最好在相应的语境中进行，将语义示例、发声朗读结合起来。

记忆术的使用。记忆是有方法的，比如联想法、分组记忆法、首字母缩略法等。举个例子，英语中修饰名词的形容词的排序是固定的，但不容易记住，这时使用一个顺口溜可以更好地夯实该知识点："美小圆旧黄，法国木书房。"它表示的是形容词的排序为：①形容美丑；②形容大小；③形容形状；④形容新旧；⑤形容颜色；⑥形容产地；⑦形容材质；⑧形容用途。最后在形容词后加上描述的物品。

存储：和遗忘规律做对抗

　　背单词的确不是一蹴而就的。同学们都有过反复背诵的经历，可是什么时候反复、多久反复一次最有效呢？熟悉艾宾浩斯遗忘曲线的同学应该知道，我们的记忆保持量在学习后的初期会快速下降，而后趋于平缓。为了对抗记忆的自然衰减，我们应该在记忆的黄金时期，也就是刚刚习得知识的时刻，去开始复习。在这个时候，通过反复背单词，我们可以有效地对抗即将发生的遗忘，避免记忆保持量降至较低水平。

提取：打造你的"主场优势"

　　为什么学生喜欢在自己熟悉的学校、教室里学习和考试？为什么考试也有"主场优势"？心理学理论表明，处于知识习得的环境、情绪、状态中时，我们可以更有效地提取相关记忆。我们的大脑喜欢熟悉的感觉，在熟悉的环境里，能帮助我们提取记忆的线索会变多，我们更容易回忆起所学内容。因此，我们可以通过创造熟悉的环境来为自己创造"主场优势"。比如，每次开始学习时，穿熟悉的衣服，坐熟悉的座位，使用熟悉的水杯喝水，使用对自己意义重大的书签……我自己每次讲课都会使用自己的翻页笔，因为和自己生活中熟悉的事物连接，我会很快找到自己的主场感。如果暂时没有这些事物，你还可以在开始学习前，闭上眼睛，深呼吸，回忆自己最专注的某次学习、最自豪的一次经历：当时我在哪里？周围的环境是怎样的？也就是说，你可以运用想象力，帮助自己调整状态，回到熟悉的主场。

4. 我已经很努力了，可就是学不好

考试成绩下来了，我考得并不好。

我觉得我已经很努力了，作业也都认真完成了。

我既不像同桌那样上课睡觉，也不打游戏，一直很努力地学习。

结果我的分数还没他的高！这不是开玩笑吗？

为什么上课时感觉都所懂了，一到考试知识点就全忘了呢？

学姐说

考砸了的时候，根本不需要老师和家长批评，我们自己就是那个最失望的人呀！自责、难过、委屈……明明也认真学习了，为什么还是考不好？难道我真的是太笨了，不适合学习吗？

抛掉这种自怨自艾的情绪吧，它只会让我们陷入精神内耗。

我们应正视自己的考分：它既不能用来评价我们的智商，也不能代表我们的未来，它仅仅用来检验我们在某个阶段对所学知识的掌握程度。如果考得不理想，那正说明我们在某些知识点上还存有"漏洞"，查漏补缺就好了。

最重要的是，思考一下，我们的努力是不是一种"无效努力"或者"虚假努力"。有时候我们在"完成作业""抄写错题"上花了大把的时间，觉得自己实在太努力了，但忽视了自己是否真正理解了所学的知识，是否懂得了如何运用这些知识。"学而不思则罔，思而不学则殆"，每一门学科都有它对应的学习方法，真正的努力是在掌握学习方法的同时，还注重理解与应用所学习的内容。

相信自己，真正努力后肯定是有收获的。

心理老师说

遇到挫折的时候，请站在自己这一边。

所有努力都值得被尊重，在预期受阻后感觉挫败是很自然的，先给你一个拥抱。"已经很努力了，可还是失败了"，这个结果已经是给我们的最大惩罚了，我们自己就不要再加入批评自己的队伍中了。

当理想和现实之间出现差距，人人都会失望，这是每个人都有的感受。"这是正常的"这句话我想送给每一个遇到挫折的同学。失望、沮丧等负面情绪，不只是长大了才有，小婴儿也有，不同的是，他们只会通过哭闹的方式表达出来，因为他们无法用语言表达。但我们已经长大了，具备了表达的能力，那就让我们充分利用这个能力吧！用文字，用语言，用沟通，表达自己的情绪，让我们的情绪被看见，这样情绪就会流动起来。越是忽视，越是排斥，越是逃避，我们就越会陷在情绪里，情绪就越会像口香糖一样粘住我们，甩也甩不掉，导致大脑无法理智思考。

先安慰自己，允许自己哭一哭，写一写，说一说。越自然对待，我们就越容易恢复平静。先调整好自己的情绪，我们才有能力和状态重整旗鼓，走出被情绪裹挟的状态，轻装上阵。

在调整完情绪后，为了让自己进一步提升成绩，就要调整下一步的学习方法和计划了。你可以尝试以下几个方法。

审视学习方法

通过复盘自己的经历、思考自己学习的过程，评估自己的学习方法是否有效。你是否因为专注于记笔记而忽略了老师的讲解？你是否太注重笔记细节而忽略了学习纲要和整体逻辑？你是否只依赖课堂学习，而没有有效结合课前预习、课后复习，以及向老师请教、和同学讨论？

制订学习计划

学习不是一蹴而就的，而是一个长期的过程。要做好科学的计划，确保你的学习计划充分考虑到了每门学科的重要性和难易程度，将精力集中在最需要加强的地方。同时，要注意计划的可行性，合理分配时间。一份抢占了所有休息时间、学习量过于饱和的计划，看起来似乎高效利用了时间，实际上只会让人倍感压力和不安，更加难以完成。

合理求助

　　如果你觉得自己已经尽力了，但仍然遇到困难，甚至出现了厌学情绪，不要犹豫，请及时寻求帮助。可以向老师、家长或同学寻求指导和建议，或者考虑寻求心理咨询师的帮助，共同探讨解决问题的方法。不要觉得自己奇怪，或担心别人的非议，你才是最重要的。

审视考试表现

　　考试时知识点全忘，可能是因为太紧张、心理压力太大或者没有充分复习。除了在考试前做好充分的复习外，还可以尝试一些放松和应对焦虑的方法，比如进行呼吸练习：跟随呼吸的节奏，从 1 数到 10，吸气数 5 个数，呼气数 5 个数，重复几次，直到呼吸变得缓慢平稳。一旦出现"完蛋了，我好像都忘记了""这次一定考砸了"的想法，及时刹车，试着将负面的自我对话转化为积极的心理暗示，告诉自己"我已经做了足够的准备，我相信自己的能力，我可以做到"。在考试中，保持自信和积极的心态非常重要。

接受自己和他人的差异

　　不要过分比较自己与他人的成绩，竞争和比较不是衡量自我价值的唯一方法。每个人的学习方式和能力都不同，关键是尽力而为，专注于自己的进步和成长。最重要的是，不要放弃。学习是一个持续的过程，每个人都会遇到挑战，也都会经历失败，但这并不代表什么。从错误中学习，将挫折视为机会，才能在一次次的探索中得到成长。

5. 我不想做难题，只想"摆烂"

又遇到难题了，真的不想做……

感觉这道题好像超出了我能理解的范围。

反正也不会做，干脆直接放弃吧！

要是不用学习就好了，我真的不想再做题了。

但是这样下去，我的成绩一定会下降的。

算了，明天再说吧，今天先这样了。

学姐说

　　遇到难题想要"摆烂"放弃，这种情况难免会发生。有时候，你会觉得自己被困在了一个无法逾越的障碍中，心里会涌现"这道题我根本做不出来"的想法。这种情况真的让你很沮丧，甚至会让你想直接放弃。但是，我们都知道，放弃并不是解决问题的办法。或许，你可以试着换一种思路来看待这个问题，把难题当作一个挑战，一个提升自己的机会。当你攻克了一个又一个难题时，你会发现，自己的能力和信心都在不断提高。

　　还有一个办法就是把难题分解，不强求自己能百分之百解决这个难题。比如，在做一道数学题时，你可能暂时无法将它完整解出来，这种情况下，你可以先试着写出这道题所考的知识点、可能用到的公式，一步一步来，能写多少写多少。你知道吗，我们之所以遇到难题就想"摆烂"，是因为我们的大脑有时候会"启动困难"。一旦迈出第一步，你会发现自己的思路慢慢变得清晰起来，难题也没那么难了。当然，如果最后还是解不出来，你也可以去请教老师或者同学，先讲出自己的思路，看看哪里有问题。这样通过思考之后，以后再碰到类似的难题，你就能想到更多好方法了。

心理老师说

今天想先给你讲两个故事。一个是我们小时候都听过的故事——《小马过河》。小马驮着一袋麦子去磨坊，一条河拦住了它的去路。小马不知道自己能不能过去，就问一边的牛伯伯，牛伯伯说："河水很浅，你看，才没过我的小腿。"小松鼠却阻止它："不要过河，河水很深，我的一个伙伴就是掉在这条河里淹死的。"小马看着河水感到疑惑，不知道该怎么办。小马回家问妈妈，妈妈说："你自己试一试就知道啦。"小马小心翼翼地下了河，河水既不像小松鼠说的那样深，也不像牛伯伯说的那样浅。

去试一试，我们就有了自己的体验。

另一个是我学生的故事。她想要做一个新的尝试——开一场社区讲座，但是她害怕失败，害怕被拒绝。我记得当时我这样对她说："你先去试，先允许自己搞砸 100 次再说。"她记住我的话，去尝试了一次，结果没有她想象的那样差。毕竟，当你都允许自己搞砸了，还能差到哪里去呢？就这样，她在一次次"允许自己搞砸了"的尝试中一点点进步，到现在，面对任何场合的分享和讲座她都能做到从容不迫了。允许自己失败，我们会感到无比的轻松自在，也就能轻装上阵了。所以，有时候打败我们的，只是想象。

遇到困难想逃避，其实是我们每个人都有的逃避心理在悄悄提醒自己：你在这件事上缺少一次成功的经验。既然如此，你可以先创造一个最小且最容易获得成功的机会去尝试。只有不断累积小成功，才会收获大成功。比如，当你遇到不会做的难题想逃避时，可以先把这道题读一遍，或者读两遍，如果还是不会做，那就直接跳过这道题，做其他会做的题目。很有可能在解答后面的题目时，你会突然获得灵感，找到解答前一题的思路。

6. 只要不学习，我觉得干什么都很有意思

每次拿起书本，我就觉得好困……

玩游戏可比学习有趣多了！

为什么我不能像享受娱乐一样享受学习呢？

算了，还是不想了，反正学习就是很无趣。

但是，不学习我又能做什么呢？

唉，只要不学习，干什么都限有意思。

学姐说

相信很多人都有过这种想法。学习需要投入大量的时间和精力，它不像短视频会给我们带来直接的快乐，也不像打游戏能让我们感到瞬时的兴奋，因此，我们有时难免会觉得学习单调乏味。但是，学习真的很无趣吗？我想，这种感觉产生的真正原因是大家还没有找到学习的乐趣所在。

学习是我们满足好奇心的方式，在学习一个新知识前，多问几个"为什么"，然后通过学习去了解更多我们原本不了解的事物，这能让我们产生学习的心流，激发我们探索的欲望。比如刚学物理时，我们可以观察生活中的一些现象来探究物理原理：为什么冬天头发会起静电？起重机用到的是哪个物理原理？为什么汽车刹车时，人会向前倾？

对学习产生兴趣的方法：首先想办法激发自己的好奇心，然后在一次次的学习和练习中感受知识的丰盛，最终爱上学习并享受其中的乐趣。我一直相信，"好奇＋热爱"是驱动我们学习的底层动力。

除此之外，我们也可以运用多种有趣的学习方式，让学习这件事情变得更好玩，比如使用彩色笔记、画思维导图、与他人讨论、动手实验等。当你将学习视为自我探索世界的通路，而非为满足他人期望而完成的任务时，你会领略到这段旅程中的美妙风景。

请相信，学习带给我们的是长期成长和内心的愉悦感。

心理老师说

"学习好没意思""学习好难""一学习我就犯困"，这些都是长大后的我们给学习贴的标签。你知道吗，其实我们天生是热爱学习的。你还记得自己小时候观察蚂蚁搬家的那份专注吗？还有第一次骑车的兴奋，第一次独自出门的得意，以及学会背第一首古诗的那份自豪吗？甚至孩童时，父母说"这个太难了，不要弄了"，你还蛮不服气，跃跃欲试。我们天生热爱学习，而且擅长学习。这是因为当我们来到这个世界时对一切都充满了好奇。因此，推动我们学习的，不仅仅是坚定的意志力，还有对世界的好奇和对探索的渴望。

是什么偷走了我们的好奇心呢？也许是压力，是对"学不好就会挨批"的想象，是"每天都要学，好久没放松了"的疲惫，又或者是对"人工智能时代来临，我们该如何自处"的焦虑。这些外在因素改变了我们对学习这件事的看法，让它的意义变得过载了。

我们不妨重新赋予学习新的意义，找到自己的兴趣点，比如问问自己："一个月、半年、一年、两年后，我想成为什么样的人？成为那个人之后我是怎样的？"我们可以想象自己梦想达成时的样子："那时我在哪里？周围的人怎么样？周围的环境怎么样？"用画面指引我们，让理想在想象中实现，这会激起我们的好奇心。

我们有了好奇心之后，就该思考接下来的行动了。这样一小步一小步地，我们会慢慢靠近目标。

最后，我希望你能够坚持下去，相信自己的能力和潜力，不要放弃学习的机会。学习不仅仅是为了应付考试或取得好成绩，更是为了拓宽自己的视野、提升自己的能力、实现自己的梦想。只要你愿意尝试，学习就一定能够成为你生活中最有意义和最有趣的一部分。

7. 作业太多了，每天都要写到深夜

今天的作业好多啊，看来要熬夜了。

写完数学作业，还有英语作业；写完英语作业，还有物理作业……

手都写酸了，眼睛也累得直流眼泪。

但如果不写完，明天又要被老师批评了。

怎么总有这么多卷子和试题要写啊？

终于写完了，但已经是深夜了。

学姐说

　　繁重的课业负担让人倍感疲惫和无奈，尤其是当每天都要写作业到深夜时，更容易让人产生厌倦和抵触情绪。但不可否认的是，做作业是我们巩固知识和提高能力的重要途径。因此，与其带着抱怨前行，不如让我们一起思考一下怎样才能更高效地完成作业。

　　据我观察，作业写到很晚有两种情况。一种情况是作业确实太多，尤其是上初中以后，学生每天要完成六七门课的作业，每门课哪怕只用 30 分钟，全部加起来也要 3 小时以上了。第二种情况是写作业的时候很多学生的内心充满了抵触情绪，心猿意马，无法专注，所以总是边写边玩，导致效率低下，有时候明明 1 小时能完成的作业，总要磨蹭到很晚。

　　作为一个过来人，我的建议是，你可以先对做作业的时间进行合理安排，且在完成的过程中保持专注，比如在精力比较充沛的时候先写数学、物理这类计算量大的作业，然后完成需要背诵的语文、英语等作业。你知道吗，睡觉前也是学习的黄金期，大脑在人睡着后依然会处于工作状态，掌管记忆的海马会帮我们整理和巩固学到的知识，因此在睡觉前可以学习和背诵地理、历史等需要记忆的科目。重要的是，了解自己身体的生物节律和学习习惯，找到最适合自己的学习时间段，这样完成作业的效果会更好。

当然，如果哪一天作业实在太多，写不动了，你也不要勉强自己，先保证充足的睡眠和休息，避免过度疲劳影响身心健康。

心理老师说

首先对努力学习的自己道一声：辛苦啦!

长期睡眠不足会导致身心疲劳、记忆力减退、学习效率和情绪状态低下，因此，你要努力避免自己陷入"睡眠负债"状态。为此你可以参考以下建议。

采用"状态学习匹配法"

合理安排每天的学习时间，将大块的作业拆分成小任务，逐步完成；将自己的状态分为高光时刻、普通时刻和疲倦时刻，在状态最好的时刻去迎接最有挑战的任务，其他时刻完成难度较低、较为熟悉的任务。如果你此刻学习状态很差，与其磨洋工，消磨意志和情绪，不如去专注运动10分钟，充分释放多巴胺，而后精神满满地返回学习状态。此外，充分利用碎片化时间：有一些任务可以分散到更小的时间单位去完成，比如在上下学、走路时练习听力和跟读。

采用"冥想提高休息效率法"

什么是冥想？冥想不像它的名字那样高深，其实，它和我们每天的生活都相关。通过某种引入的仪式（例如调整呼吸、品尝味道、观察事物等充分调动感官的小活动），它可以让我们纷繁的思绪暂停，转而关注我们的身体。只要你觉得自己累了，感觉到疲劳了，学习效率不高了，随时都可以开始。

比如闭上眼睛，通过音乐进入冥想状态，关注呼吸。双脚平放在地上，脊柱保持正直，肩膀放松、下沉而不僵硬。想象自己就像一台正在工作的扫描仪，从头到脚扫描，或者从脚到头也可以，你的意识在哪里，扫描仪就扫到哪里，放松的感觉就会到达哪里。一点一点地放松全身，一遍不够可以再来一遍。放松自我，形成正念。几分钟后，当你睁开眼睛时，你会发现自己感觉好多了。

每个人冥想的引入形式都不一样，但最重要的是专注，以及察觉自己的情绪和感知，从而更好地"扫描"自己的身心状态，进而接纳和调整自我。

当然，你也可以把这段教你如何冥想的话录制下来，配上音乐，或者邀请关心你、爱你的人帮你录制，在需要的时候播放就好。好好休息会有助于你好好学习。

8. 老师讲课很慢，我感觉在浪费时间

今天的课好无聊，老师讲得太慢了！

我脑子里都开起了小差，想着下课后该做些什么。

为什么老师不能讲得快一点呢？

感觉完全是在浪费时间。

算了，还是自己看书吧，至少能快速掌握重点。

但是，如果不听老师讲，我又怕错过重要内容。

学姐说

有些课，我们可能会觉得老师讲的速度太慢了，似乎在浪费时间；有些课，我们可能会觉得老师讲得太快，来不及消化。为什么会出现这种情况呢？因为每个人的学习节奏和方式是不同的。

我们可以试着调整自己的心态和听课方式，比如通过提前预习课程内容，了解重难点，给自己设定上课时要解决的问题，这样可以在老师讲解重难点的时候更专注。同时，我们也要做好笔记，并在课后及时整理，提高听课效率。

感觉老师讲得太慢时，可以先耐下心来听听老师在讲什么，有时候老师的"减速"是在解释、举例、复习、强调或引导我们进行批判性思考。如果是由于以上原因导致"低速"，这其实是老师在为我们夯实基础，是有意义的过程。当然，如果你确实觉得老师讲得太慢，可以与老师沟通，提出自己的建议和意见，和老师共同寻找解决的办法。最重要的是，保持积极的学习态度，珍惜每一堂课的时间，努力提高自己的学习效果。

切记，不要因为不耐烦而对课程不用心，否则会影响你对知识的学习和理解。

心理老师说

当有这种负面情绪时，记得先跟自己说"这是正常的"。在情绪上先和自己站在一起，然后才能更好、更快速地恢复理智。越是和情绪对抗，越会像往水里按气球一样，压力越大反抗越大。

接下来，不妨听听情绪在告诉我们什么。我们感觉烦，是因为老师讲课的速度慢，还是我们希望学到更多知识？我们感觉无聊，是因为老师讲解的内容重复，还是我们希望有新鲜感？我们感到着急，是因为老师在耽误时间，还是我们需要高效利用有限时间？不知道这样的思考会带给你哪些新的感受。

你发现这两种表达的不同了吗？一种是关注别人做了什么，另一种是关注自己想要什么。对于别人做了什么，我们当下无力改变，但是，知道自己需要什么，这是当下我们立刻就可以做到的。

学习更多知识，高效利用时间，找到学习的新鲜感，这些是我们自己可以想办法去做的事情。

当然，必要时请积极和老师沟通。也许曾经有其他同学提出过"进度过快，希望老师慢点讲"。因此，提出你的感受和困惑能帮助老师把握全局。

9. 不喜欢死记硬背，背了也总会记混

又要背东西了，最讨厌死记硬背了！

这些知识以后真的能用得上吗？为什么要背呢？

而且我总是会记混，背了也是做无用功。

算了，还是不背了，反正也是浪费时间。

但如果不背的话，考试时考到怎么办？好纠结。

为什么学习总是让人这么痛苦呢？

学姐说

　　和你一样，我也有过"不喜欢死记硬背，背了也总会记混"的困扰。死记硬背确实不是一种理想的学习方式，因为它很难让我们真正理解和掌握知识。而且，如果只是机械地记忆，我们容易很快就忘记。

　　下面与你分享一些我的小经验。

　　首先，我们要知道，记忆是学习中非常重要的一环，所以不要轻视它，更不要反感它。

　　其次，记忆的方法多种多样，我自己使用过的有理解记忆、联想记忆、制作思维导图等，用对方法可以让记忆更加深刻。记得刚上初中的时候，很多同学都不喜欢学历史，因为需要记忆的内容太多、太烦琐，尤其是一些历史事件的时间，一不小心就会弄混。可是，我每次历史考试都觉得很轻松，因为我是用制作"历史时间轴"的方法来学历史的。我会用一张很长的卷纸，按历史发展的时间顺序，将每个时期的人物、事件、政治、经济、军事等知识点详细写下来。这样一来，历史知识点就不会是散乱的记忆点，而变成了知识体系，学习起来就非常便捷啦！

最后，还要分享给你的是，一定要学会合理安排学习时间，避免一次性学习过多内容导致记忆混淆。

心理老师说

首先，我们不要讨厌记忆，更不要把所有需要记忆的动作归结为"死记硬背"。你知道吗，学习效果的好坏很大程度上跟"知识留存率"有关，也就是跟记忆有关。我们可以通过科学的训练提升记忆力和学习力。

在认知心理学中，记忆是非常重要的一个研究板块，很多心理学家和研究人员都提出过重要理论。例如，艾宾浩斯遗忘曲线理论认为，记忆留存率在学习后的短期内呈指数递减。因此，我们可以在学习发生后尽快开启复习程序，去对抗记忆的衰退。可见，"趁热打铁"是有科学依据的，学习后及时复习是减少遗忘的重要方法。

另有实验研究表明，将学习分散在多个时间段比集中时间学习更有利于保持记忆和提高记忆效率，因此分散学习（将学习过程分成几个小段，进行多次学习）比集中学习（考前突击）更有助于巩固记忆。关于提升记忆、学习效果的小方法还有很多，例如语言学习中的联想记忆、组块记忆等。

除了掌握高效的学习方法、记忆方法外，好好睡觉也是帮助我们增强记忆的好方法。睡眠期间大脑在忙碌搬运、整理白天习得的信息，可以有效夯实记忆。所以，好好学习的同时还要好好睡觉。

10. 老师讲课飞快，我没时间记笔记

今天的课老师讲得太快了，我根本来不及记笔记。

我只能尽量跟上老师的速度，但是很多东西都错过了。

这样下去，我的学习肯定会落后的。

我还是找个时间去向同学借笔记吧。

学姐说

　　记笔记对学习来说相当重要，因为笔记是我们复习和巩固知识的重要依据。在我的经验中，我发现做笔记时常见的两个问题是：一、不分轻重，不抓要点，把老师讲的内容一股脑地都记下来，一节课下来手都酸了，但根本没记住老师讲了什么；二、跟不上老师讲课的速度，这条笔记还没记完，就要马不停蹄地赶下一条，导致上课时手忙脚乱。

　　作为同学们公认的记笔记达人，我有几个妙招，你不妨试试。

　　首先，坚持课前预习，了解课程大纲和重难点。可以提前在书上标记重点内容，这样在课堂上就能更有针对性地记笔记。

　　其次，可以采用康奈尔笔记法。把笔记本分成三个区域，其中：左侧四分之一区域是"线索栏"，用于提炼笔记内容，形成问题系统；右侧四分之三区域是"笔记栏"，也是记录笔记的主体区域，记录老师讲的知识点关键词或关键语句；最下方的五分之一区域是"总结栏"，用于总结这一页笔记的重难点内容和疑问。这样记笔记简明扼要，还便于复习。

也可以尝试使用录音笔或手机录音功能（当然，前提是你的学校允许使用电子产品），将老师讲课的内容录下来，课后再慢慢整理笔记。

另外，课后与同学互相交流笔记也是一个不错的方法，可以互相补充和完善笔记。

切记，在上课的时候，集中注意力听老师讲课是最重要的，千万不要因为忙于记笔记，而导致跟不上老师讲课的节奏。

心理老师说

　　首先，让我来解释一下你的这种情况可能带来的心理影响。老师讲课速度过快，会导致学生感到焦虑和挫败，因为他们没有足够的时间来消化和理解讲授的内容。这和之前"觉得老师讲得过慢"的故事有所呼应，都是你的节奏和老师的不一致导致的结果，让我们看看怎样应对。

　　及时记笔记是帮助你理解和记忆学习内容的重要方法。

　　笔记的作用是什么呢？是锚定关键信息、标记知识点，以及呈现知识架构和逻辑。如果记笔记的过程无法达成这些目标，反而掣肘了你实时跟进老师的讲解，影响你理解知识，那么就说明你的记笔记方法略有问题。针对这样的情况，可以采取一些措施。第一，要注意进一步积极深入参与课堂，多听、多思考，课上听懂的意义远远大于只是用笔写字。第二，要学会有效记笔记，善于使用缩写、符号、关键词等，提升记笔记的速度，避免重复和过多着墨于细节，重要的是捕捉并记录核心概念和要点。至于笔记是否美观，其实并不重要，只要你自己能看得懂就行。第三，别忘记你还有伙伴，你可以选择与同学合作，相互分享笔记，这样可以弥补个人笔记的不足，同时也可以增加学习、交流和合作的机会。最后，记得向老师合理求助；课上未跟上的知识点，课下可以多向老师请教。

11. 阅读推荐书目上的图书，读完就忘了

终于读完了这本推荐书目中的课外读物，但是……

我好像什么都没记住！

为什么会这样呢？是我读得太快了吗？

这些书对我来说好像没有什么意义。

与其在这上面白白浪费时间，不如做些其他的事情。

但是，老师检查起来该怎么办呢？

学姐说

　　作为过来人，我完全理解你的感受。当我们读完一本书后，却发现书里的内容在脑海中如过眼云烟，这真的让人感觉挫败，仿佛自己投入的时间和精力都化为了泡影，心里难免会有种"读了也白读"的想法。

　　这种"为什么我就是记不住"的困惑，"这本书对我来说是不是太晦涩了"的怀疑，甚至"算了，还是不读了"的冲动，都是我在阅读过程中遇到过的。

　　但我想告诉你，阅读过程本身是最重要的。你不必记住所有内容，也不一定要从阅读中获得某种具体的收获。有时候，我们读一本书，只是为了在那个当下，与书中的文字、书中的世界产生某种连接，跟随其中的人物、故事一起感受那种独特的情感体验。

　　当然，如果你确实希望记住书中的内容，可以尝试一些更轻松、更自然的阅读方式。

　　比如在阅读过程中保持主动参与。阅读时，你可以梳理本书的内容框架、标注重点、提出问题并自己总结答案，这样能够加强对内容的理解，引发更深入的思考。读完一本书后，给自己一些时间回味书里的内容，去想象书中的场景，感受书中的情感。或者，你可以尝试与一些读过这本书的朋友交流，与他们分享你的理解和观点，再听听他们的看法和感受，也许会受到新的启发。写读书笔记或将书中内容转述、教授给他人也是一个很好的方法，这样知识会在头脑里留下更深刻的印记。

最重要的是，不要让这种"读完就忘"的感受影响你对阅读的热爱。阅读真的是一种非常美好的体验，它可以让我们走进不同的世界，体验不同的生活，感受不同的情感。即使有时候我们会忘记书中的具体内容，但那种在阅读时流淌在心头的愉悦和感动，我们也是永远不会忘记的。

所以，不要放弃阅读，不要放弃这种美好的体验。相信自己，相信阅读的力量，你一定能够在阅读中找到属于自己的乐趣和收获。

心理老师说

　　如果一本书读了就忘，那我们为什么还要读？读书有什么意义？作家范雨素是这样回答的："读书的意义有两个，一可以使人不卑不亢地活着，二可以使人心灵干净。一本书读完，可能很快就忘干净了，好比竹篮打水，是一场空。但是竹篮经过一次次水的洗礼，竹篮会一次比一次干净。"或许最后竹篮看起来依旧空空，但经过"洗礼"的它光亮润泽，满载的快乐是只有它能体悟的美妙。

　　不是所有的书都是工具书，因此阅读不等于背诵。在我看来，阅读是很幸福的一件事，这种幸福感来自书本的内容，来自读书时的充实，也来自日积月累、潜移默化中阅读对人格的塑造和丰富。如果你由于课业要求不得不读某本书，不妨借此机会和这本书结缘，至于当下是否能记住、理解、明白，你则可以不予强求。心理学中的学习理论和类别有很多，不是每一种都能立刻显现结果的。比如顿悟式学习，它是指学习结果会在学习行为持续一段时间后突然展现，也就是我们所说的"灵光一闪"。只要学习在持续进行，你所期待的结果总会在某个时刻光顾。因此，任何一本书你都可以多次阅读。

如果你不知道自己该读些什么书，可以先从课内的推荐书单入手，在此基础上，选择自己感兴趣的作者，阅读他们的其他作品，这样可以增加阅读的动力，提高阅读的效果。同时，你也可以将阅读与自己的经验、兴趣和目标联系起来，强化阅读的意义，这样更能激发你对阅读的兴趣。

12. 进入新环境后成绩一落千丈

换了新学校，一切都那么陌生。

刚开始我还试图跟上进度，但很快就发现自己落后了。

作业不会做，考试也考不好，成绩直线下降。

我开始怀疑自己的能力，也经常会想我是不是不适合待在这里。

我想放弃，但又不想让自己后悔。

我真的不知道该怎么办了，感觉前路一片迷茫。

学姐说

　　进入新环境，面对不同的教学方式、学习节奏和竞争压力，我们感到不适应和焦虑。这时如果成绩还一落千丈，更会让人压力倍增。但请相信，这并不是你的错，更不是说你不适合待在这里。不要灰心丧气，每个人都需要时间和耐心来适应新环境，你会慢慢找到自己的学习节奏和更好的学习方法。

　　送给你一个九字"锦囊"。

　　"有自信"：要相信自己具备学习的能力；相信一切都会往好的方向发展，眼前的困境只是暂时的，只要努力就会有所改变。可以每天对自己说一句积极肯定的话，比如"我很棒""我值得""我很优秀""一定会有好事发生"，给自己注入正向的能量，好事也会向我们涌来。

　　"多交友"：适应新学校的"法宝"就是主动和老师、同学沟通，寻求帮助与支持；如果你比较害羞，可以先从同桌或小组的同学开始，一起组队学习，交流学习经验和方法。当你对周围的一切熟悉起来，你的情绪和感受就会变好，而好的情绪和感受会让你的学习更轻松。

"找方法"：学习中遇到困难是常态，想办法去解决就可以了；每门学科都有对应的学习方法，可以向老师和擅长这门课程的同学多请教。

请记住，你不是为了取得好成绩而学习，学习是为了自己的成长和未来的发展。这样想，相信你的心情也会放松不少。

心理老师说

适应压力是每个人在面对新环境和挑战时都要经历的身心反应。适应新环境需要时间和努力，需要你调整自己的心态和行为，逐步适应新的学习和生活方式。这里，我提供一些简单的方法。

首先，我们来做一个"转念"。当你来到新的环境中时，不只是你，周围的一切也会因为你的到来而变得不同。不只是你要面对新环境，你周围的人也都在面对改变的环境。也就是说，这其实是一个双向的过程，你和你周围的一切都在彼此适应。你看，这样想，你是不是感觉轻松了很多？从心理学视角看，这样想也帮你找到了一种心理平衡，即我并不孤单，大家都一样。当你发现自己并不是沙滩上唯一的鹅卵石时，那么你就能更轻松地应对或适应随之而来的变化了。

其次，转换视角，找到主场感。"他们喜欢我吗？""他们会怎么看我？"这些想法是从以环境为主、"我"为辅的被动视角提出的，强调"我"要去适应他人、适应环境。想要找回主场感，你可以多问自己："我可以为这个环境做些什么？""我如何把自己介绍给大家？""我如何利用周围的资源？"这样的思考就是从以我为主、环境为辅的主动视角展开的。变被动为主动，真实做自己，你就会很快找到主场感了。

最后，增强自己的回弹力和适应力。面对新的学习任务，你可以尝试不同的学习方法和技巧，找到适合自己的学习方式。你可以尝试使用思维导图、概念图，还可以把自己会的讲给别人听，也就是我们熟悉的费曼学习法，以帮助自己更好地理解和记忆所学内容。实际上，你有的迷茫和困顿，其他同学也有。多和身边的同学交流想法，在群体中获得支持和陪伴，这样就可以增强自己的回弹力和适应力了。加油！

13. 我有重度拖延症，经常做不完作业

今天又拖到最后一刻才开始做作业！

明明知道这样不好，但我总是控制不住自己。

因为赶时间，作业的完成质量也不高。

我也想改变，但总是做不到。

拖延症真的害死我了！

明天一定要早一点开始做作业！

学姐说

　　拖延确实是个让人头疼的问题，我能理解你的痛苦和自责。但请相信，拖延并不是你的本意，更不要轻易给自己贴上"拖延症"的标签。出现拖延的原因有很多种，可能是缺乏自律和时间管理能力，也可能是作业本身太艰巨让你害怕开始。你可以试着找出自己拖延的原因，然后有针对性地去改变。

　　如果是缺乏自律和时间管理能力，那么你就需要对作业做出明确的安排，比如写出具体开始的时间点，以及每个科目预计的完成时间，并定好闹钟提醒自己，否则你永远都没法开始，总想着"再歇一会儿""等到整点再开始"。我在用智能闹钟提醒自己写作业时，还会加上一句话，比如"一寸光阴一寸金""少壮不努力，老大徒伤悲"等，给自己暗暗打气。你也可以选择一些自己喜欢的激励文案，放在抬头就可以看见的地方，相信我，这真的很有用。此外，你也可以借助第三方监督的力量，比如每完成一项作业就找家人或朋友打卡，或者和好朋友一起组建学习督促群，让自己在规定的时间里完成规定的作业。

如果是作业太难，感觉无从下手，那么你可以先转变思维，从"作业太难了，我做不了"，变成"我可以先从哪几个简单的做起"。有时候仅仅是转变一下思维，你就可以从抱怨中跳脱出来，切换成学习状态。事实上，我们往往高估了作业的难度，于是下意识地出现了逃避心理。这个时候你可以给自己10分钟时间，什么都不要管，先做10分钟看看。一旦开始行动，你就会发现坚持下去其实一点都不难。

相信自己，克服磨蹭、拖延的最大法宝就是立刻开始行动！

心理老师说

首先，让我们了解一下拖延背后可能存在的心理机制。心理学上有一个概念叫作"即时满足原则"，它指的是人们更倾向于寻求即时的快乐和满足，而不愿意面对长期的困难和挑战。拖延往往是因为我们更愿意选择做一些即时、轻松的事情，而不是去面对困难和挑战。

面对每一次拖延时，记得告诉自己这句万能的话——"这是正常的"。我猜，面对拖延，你已经在心里自责过无数次。从本质上来说，拖延是因为我们害怕开始行动后可能产生的失败或挫折，担心自己白忙活了，担心自己除了经受失败，还要遭受失败之外的压力，比如批评、自责、内疚，甚至是羞辱等，所以不敢去做。但是，千万不要这样想，我们每个人都会有想要拖延的时刻，这是正常的，不要太责备自己。

有时拖延其实是因为我们夸大了这件事的困难程度，对任务的恐惧、焦虑和自我怀疑让我们迟迟不敢迈出那一步。"万事开头难"就是这个意思。这个时候，我们可以重启心理动力系统。我们不妨为自己设定一个微小的、可以毫不费力、几乎不会失败的开始，比如在开始做作业前，先收拾一下书桌、整理一下文具盒等。

完成这个微小的开始之后，记得给自己一个积极的反馈，比如起身为自己打气，在笔记本上画一个大大的钩，奖励自己一颗糖，发个信息给好朋友。让积极的体验停留的时间长一些会激励我们投入下一个新的开始。

当我们的潜意识捕捉到新的开始意味着一次失败，它就会制造行动上的拖延；当我们的潜意识体验到新的开始是一次新的成功在等着我们的时候，它就会让我们更有干劲。心理动力学认为，成功，才是成功之母。所以，克服拖延的方法，就是为自己制造一次毫不费力的成功体验。

14. 同类型的题总是反复做错

这道题怎么又做错了？同类型的题我已经做过好多次了！

我真的好笨，这么简单的题都做不对。

每次考试都会因为这种低级错误失分。

我是不是真的不擅长学习？

但我不甘心就这样放弃。

我要怎么办才能摆脱这个困境呢？

学姐说

同类型的题反复做错，错题本也整理了好多本，却依旧不得要领……我理解你，这确实让人感到沮丧和挫败。但请相信，这并不是因为你笨或者不擅长学习。每个人都有自己的薄弱之处，需要不断地练习和反思才能弥补。有时候同类型的错题反复出现，不是因为你粗心大意，而是因为你改正错题的方式不对。

想想看，你是不是每次改错的时候，都着急忙慌地写上正确答案，再原封不动地抄写到错题本上，然后就扔到一边了？不重视复盘和总结，你即使刷再多的题，也还是会重复出错，学习效果事倍功半。

在这里，我给你分享一个整理错题的四步法，这是我的数学老师教给我的。第一步是重新读题，写出此题涉及的考点和公式；第二步是回顾自己出错的具体原因，比如审题时忽略了关键信息、公式记得不牢固等；第三步是改正错题，写出正确的解题步骤；第四步非常重要，就是写下"下次我可以如何避免出现这样的错误"，如果是审题时忽略了关键信息，就告诉自己，下次审题的时候要用笔把关键信息圈画出来。

这样整理完错题，你就能够真正找到错误的原因，并明白该如何避免。相信我，下次考试前再把错题本复习一下，你会发现很多老问题没有重新出现。

心理老师说

自责、自我贬低，是对自己最大的惩罚。沮丧的时候，我们需要的是理解和支持，其中最关键的就是自己对自己的理解，自己对自己的支持。这样才能冷静思考行动方案，抒顺当下的情绪状态。

外界发生了什么事情，这是一个无法改变的事实，但是，我们可以改变自己对这件事的看法。请把"我怎么又做错了"，换成"我又发现了一个提升自己的机会"；请把"我怎么这么笨"，换成"我需要找到适合自己的学习方法"；请把"这是一个低级错误"，换成"这个问题很容易避免，我需要多试几次"。

当我们改变了看法之后，我们的感受往往也会随之一起改变。

人类最智慧的地方就在于我们有感受、会思考，我们会将意义赋予事件。既然这是进化带来的优势，我们就要充分发挥它，重新赋予错误以积极的意义。

最后，我想补充一些关于错题本的建议。整理错题本身是个非常不错的方法，但如果只是盲目地将错题抄写下来，它能够发挥的作用就非常有限了。对于知识性错误，我们需要将原因标注得准确、具体；不能只写"我记错了"，而是要具体呈现"我第××章的××概念记错了""××和××概念记混了""对该概念中的××词有误解"等。除了记错知识点，有时还会遇到马虎、走神、审题错误、涂错答题卡等其他问题，这些习惯、态度、意识上的问题依然值得记录和参考。因此错题本还要单独有一个区域去记自己容易陷入的思维误区、不良的答题习惯等，在考试之前提醒自己注意规避。

15. 我的文科成绩好，但理科成绩很差

学姐说

　　偏科特别像只用一条腿走路，既慢又累。我和你一样，文科成绩比理科成绩好。对于这种情况，首先，你要明白这并不意味着你只能学文科。偏科只是表示你在某几门学科上相对较强，而在另一些学科上较弱，但这并不能限制你在其他学科上取得进步或成功。

　　其次，你可以试着找出自己文科成绩好的原因，比如你对文科更感兴趣、你的记忆力比较好、你对文科知识的理解和应用能力强……可以把这些优势迁移到理科的学习中。

　　接着，思考一下自己理科学习困难的原因，是基础不扎实、学习方法不当，还是有其他原因？你可以有针对性地去改进。

　　同时，你也要学会调整自己的心态，不要过于焦虑或自责。我知道，平衡好文科和理科的学习并不是一件容易的事，但千万不要遇到一点点挑战时就自我放弃。学习是一个长期的过程，需要时间和耐心。

　　最重要的是，保持对理科的兴趣和热情。每个人的学习路径都是独特的，成功不仅仅取决于学科成绩，还取决于个人的兴趣、目标和努力程度。只要保持积极的心态，专注于自身的发展和成长，你就有机会取得进步和成功。

心理老师说

学习重在热爱并坚持！

世界著名教育心理学家霍华德·加德纳曾提出过"多元智能理论"，他强调每个人都有不同的智能类型和强项（包括语言智能、数理逻辑智能、空间智能、身体运动智能、音乐智能、人际交往智能、自我认识智能、认识自然的智能等）。多才多艺的你可能对文科有天赋和兴趣，对理科反应相对不敏捷，这是很自然、正常的一件事呀！

现在，我想邀请你做一个小练习。请随意张开你的手掌，左手或右手都可以。请带着欣赏的眼光去观察你可爱的手掌吧。你会看到五根手指有长有短，有粗有细，也许某根手指因为经常使用而稍微变形，也许某根手指因为受伤而留过疤。你会喜欢某根手指、讨厌某根手指吗？你会因为喜欢它而想多长两根，你会因为讨厌它而想去掉它吗？

我们无法把爱好均匀分布在每一门学科上，有侧重就会有偏差，如同我们无法让每根手指都长一样。有时候，喜欢和讨厌本身不会产生痛苦，令你痛苦的不是你讨厌的那门学科，而是你想迫使自己喜欢上它的那份不甘和执着。痛苦的感受是大脑给我们的信号，因为它感受到了压力和压迫。

允许自己不那么爱这门课会让你的痛苦减轻不少。

当然，我不是要你放弃，我只是希望你不要强迫自己。因为想要让自己喜欢上一门学科，靠压力和强迫只会适得其反。当我们不给自己太多压力的时候，事情反而会有转机。因为转机会带来好奇心，好奇心会带来更多可能性。

抛开成绩，只要对自己的兴趣、强项有热爱和追求，坚持学习，保持思考，就一定会有所收获，甚至可以在某一领域深挖出独特的价值。无论是文科还是理科，各学科背后的学习方法都是类似的，因此也不要因为自己暂时"不擅长"某门学科，就给自己一个负面的自我预言。也许学习思路畅通后，每门学科你都可以得心应手。而且拥有跨学科思维、文理兼具的人格是饱满的，看待事物能够更具批判性。当然，这些都不是在强调"成绩上的不偏科"有多重要，而是提醒你保持思想上的丰富、心态上的包容开放，以及科学看待不同学科的融合。

　　最后，我希望你能够根据以上建议，找到适合自己的学习方法，平衡好各门学科的学习。每个人都有自己的学习方式和节奏，重要的是要保持积极的心态和坚持不懈地努力并相信自己。

后记

奚铭霞

2023年5月，我在人大附中的心理学课堂上认识了沐瞳。初见之时，我就感觉到这是一个古灵精怪的女孩；后来在接触中，我发现她对心理学充满了热情。不久之后，她竟然向我提出了一个大胆的想法——邀我一起写一本书，帮助青少年，尤其是处于青春期的青少年克服学习和生活中常见的心理困扰。

我欣然同意。

但写书不是一件容易的事。在这个过程中，沐瞳作为在校学生，一边面临着巨大的学业压力，一边挤出时间来完成写作计划，这需要莫大的毅力、耐心和心理能量。她用心打磨书中的每一句话、每一幅插图，真诚地把自己的经验和知识拿出来分享。

写书的过程并非一帆风顺。我们常常遇到卡壳、写不出来的情况，沐瞳在心态上经历了起伏，身体上遇到过不适，但她从未消极怠工，每次见到她，我都能感受到她的积极态度和不懈努力。

实际上，沐瞳始终是一个斗志昂扬的人。不论遇到怎样的挫折，她总能迅速调整心态，将压力转化为动力。作为一个才华横溢的少年，她的绘画和书法作品也表达了她的内心世界，她曾在学校举办"女书"展，通过艺术的形式挖掘社会文化背景，鼓励青少年体会女性力量的内核。通过这些无声的文字和画作，她希望将温暖和能量掷地有声地传递给更多同龄人。

作为老师，看到同龄人之间彼此输送温暖和帮助，是最令自己感动的事情之一。在这本书的创作过程中，我见证了沐瞳的成长和坚持，也感受到了她对同龄人的关爱和责任感。

心理学是一个跨越文理的学科，研究心理问题的成因需要对生物、心理、社会等多个维度进行综合考量，才能找到准确的解决办法或预防策略。这一过程本身就需要对学习能力和认知思维进行全面调动，对个人而言，既是挑战也是成长。因此，沐瞳和我愿意与大家共同探索这一过程。同时，我们需要认识到，预防和调整心理状态并不等同于治疗心理疾病。

希望通过这本书，大家能对心理波动去污名化，理解并接受自己的情绪和心境，并认识到你并不孤单。通过分享和互助，我们希望每个人都能更加从容地面对生活，正视负面情绪，勇敢、优雅且智慧地前行。

书中的许多情境描述了青少年在学习和生活中可能遇到的心理问题，并给出了相应的建议和解答。这些建议和解答不仅源于学科知识，更来自沐瞳和我的真实经验。我们希望，这本书能成为青少年在面对心理困扰时的良师益友，给予他们力量和指引，成为他们在困境中前行的灯塔。

感谢每一位读者的支持与关注。愿你们在阅读本书的过程中，找到面对困难的勇气和力量。